Digital Rule of Law Review

数字法治评论

第1辑

主　　编　郑少华
执行主编　康敬奎

中国社会科学出版社

图书在版编目(CIP)数据

数字法治评论. 第1辑 / 郑少华主编. —北京：中国社会科学出版社，2022.6
ISBN 978-7-5227-0709-9

Ⅰ.①数… Ⅱ.①郑… Ⅲ.①互联网络—科学技术管理法规—研究—中国
Ⅳ.①D922.174

中国版本图书馆 CIP 数据核字(2022)第 144832 号

出 版 人 赵剑英
责任编辑 高 婷 郭如玥
特约编辑 芮 信
责任校对 李 莉
责任印制 郝美娜

出 版 中国社会科学出版社
社 址 北京鼓楼西大街甲 158 号
邮 编 100720
网 址 http://www.csspw.cn
发 行 部 010-84083685
门 市 部 010-84029450
经 销 新华书店及其他书店

印刷装订 北京君升印刷有限公司
版 次 2022 年 6 月第 1 版
印 次 2022 年 6 月第 1 次印刷

开 本 710×1000 1/16
印 张 10.75
插 页 2
字 数 222 千字
定 价 68.00 元

《数字法治评论》(第1辑)

编委会

Contents
目　录

发刊词

晚近的三四十年来，以计算机发明与应用为标志的信息技术革命，将人类推至一个前所未有的数字化时代：原本素昧平生的人们因了便捷的通信技术，可能成为密切合作的生意伙伴；原先价值观相差颇巨的人们却因运用同一款App，成为既有观念的碰撞，又有某种文化或技术纽带的“社区”居民；原先和睦亲善的邻里因了迅捷的网络交往而疏远成“以邻为壑”，而与遥远的人们成就“天涯若比邻”网络交往模式；原先的“控制—命令”模式因了算法的统治变为更大规模的监控模式；原来提供数据服务的公司（平台）因为区块链等新型数字技术的应用，从而超越民族国家形成“新型”统治者……

数字化对法律构成了持久的挑战，数字化时代可以说“是一个最好的时代，又是一个最坏的时代”。于法律来说，说其是一个“最好的时代”，则意味着：区块链的广泛应用，元宇宙兴起，根植于近代法治的人性解放可以充分发挥，自由意志得以充分展现；人人可以成为自己的统治者，共识成为约束人性的唯一枷锁。说其是一个“最坏的时代”，则意味着：国家与公司可以利用数字技术优势，利用算法统治人们，利用技术监控人们，使人们进入一个巨大的、深不见底的“黑洞时代”；黑客的出现与数据技术的滥用，使国家信息安全规则与个人信息隐私规范形同虚设，国家与个人几成裸奔者……

面对这个“最好”与“最坏”并存的时代挑战，法律人不得不直面下述追问：

是否出现一种如农耕文明、工商文明一样的“数字文明”，进而促进法律革命？而法律革命又如何形成一种契合数字文明的统治范式？

是否改变了近代法治以来的“法律主体（即人格）不断扩展”的传统，人格是否能被赋予如机器人等不断出现的新型“数字人”？

是否改变了近代法治以来的“命令—控制”与“契约—合作”的两种规范人类行为的主要模式？数字化以后的“命令—控制”模式会如何强化与弱化？“契约—合作”模式是否意味着算法与代码会成为契约的一种，人的自由意志是否会受到算法的操纵？“契约—合作”模式的保障机制，如公平竞争是否被强化或弱化？

是否改变了近代法治以来的“个人责任—社会责任—人类综合责任”的责任传统？人工智能等新型“数字人”出现“侵权”后，其义责由谁来承担？“数字人”是否有朝一日成为人的“统治者”？

是否改变了近代法治的“国内法—国际法”的二维法治的叙事方式？数字技术对人类生活的嵌入，是否使“国内法—国际法”的法治叙事方式不敷法治进路的表征，不得不重启新的叙事方式？“全球法”抑或“活法”时代是否降临？

是否改变了近代法治以来的“时空观”？上述关于法治的几个根本问题的讨论都是建立在法治所特定的时间与空间维度上的。而数字化时代，是否改变了这种时空观？让法治系统作为特别时间约束的重要社会信任机制不复存在？使法治系统聚合的空间规制徒具其表？或者数字化拓展了法治的时空维度，使稳定化社会规范期望的法治功能更好地发挥？

是否要改变探讨法治问题的知识谱系？法教义学的传统会出现哪些新进展与局限？社科法学的知识又会带来哪些新奇与不足？部门法的进路又有哪些收获？而所谓的“问题法学”兴起，会有哪些挑战？

基于学术好奇心与学术使命感的召唤，上海政法学院特创刊《数字法治评论》，作为探讨上述问题，但不局限于上述问题的一个学术平台，供海内外法学诸君探讨与切磋。

一个数字化的幽灵已然在人世间游荡，法治必须回应。

郑少华

2022年5月27日于

上海佘山北麓

虚拟货币交易的类型区分及法律效力*

齐爱民　张　哲**

摘　要：虚拟货币交易是指出卖人转让虚拟货币给买受人，买受人支付相应对价的民事法律行为。在司法实践中，虚拟货币交易的法律效力引发了较大争议，同案不同判的现象时有发生。区块链交易行为是指民事主体通过区块链网络所实施的以转让虚拟货币为内容的民事法律行为。该行为并不直接影响金融安全等公序良俗，其原则上是有效法律行为。平台交易行为是指民事主体通过中心化虚拟货币交易平台实施的以转让虚拟货币为内容的民事法律行为。在国家明确否定虚拟货币交易平台市场准入资格以及强监管态势下，其应属无效法律行为。代币发行融资行为是指融资主体通过区块链网络发行虚拟货币并由投资者认购的民事法律行为。该行为违背了公序良俗，应属无效法律行为。

关键词：虚拟货币；法律效力；私法自治；公序良俗

一　问题的提出

作为区块链技术在金融领域的典型应用，比特币等虚拟货币在发行和流通方面大大降低了交易成本，有力冲击了当前中心化的货币体系和支付体系。虚拟货币在社会中的广泛应用也产生了洗钱、非法集资等诸多法律风险，各国对虚拟货币的监管及立法逐渐加强。鉴于虚拟货币本身所引发的投机热潮以及相

* 基金项目：“广西八桂学者”专项课题成果，广西民族大学民族法与区域治理研究协同创新中心项目成果。

** 齐爱民，广西民族大学教授，博士生导师。张哲，重庆大学博士研究生。

关违法犯罪活动的激增，自2013年起我国相继出台了一系列监管政策，有力遏制了虚拟货币交易炒作活动，打击了代币发行融资等非法金融活动，取得了一定成效。然而，在私法层面，人们普遍关心的问题在于，虚拟货币能否交易？挖矿是否合法？投资虚拟货币是否受到法律保护？在虚拟货币交易的法律效力问题上，学界尚未进行充分探讨，相关研究较少，① 不仅缺乏对虚拟货币交易类型的全面梳理，也鲜有从民事法律行为角度进行的系统性分析，这种理论探讨上的不足与司法裁判的不统一形成了鲜明对比。

司法实践中，各地法院对虚拟货币交易的法律效力认定存在较大分歧，同案不同判的现象时有发生，不仅无法为民事主体提供明确的行为预期，也损害了司法的权威和统一。就笔者目前检索到的案例来看，法院肯定虚拟货币交易效力的主要理由为虚拟货币受法律保护，当事人之间转让虚拟货币系真实意思表示。② 而否定虚拟货币交易效力的理由却较为杂乱，主要包括：虚拟货币本身违法，③ 涉及代币发行融资并扰乱金融秩序，④ 投资虚拟货币的行为违反了银行业管理法规，⑤ 损害社会公共利益，⑥ 虚拟货币交易不受法律保护，等等。⑦ 在判决说理部分，许多法院直接做出虚拟货币交易行为违反强制性规定的结论，而并未就该强制性规定的效力级别，是效力性强制性规定还是管理性强制性规定进行充分论证，抑或直接做出虚拟货币交易行为违反公序良俗的认定，而对违反何种公序良俗等问题并未进行充分论证。事实上，由于虚拟货币这一新事物在技术上的复杂性，很多法院并不了解虚拟货币交易的基本原理，亦没有在裁判文书中予以分析，更多是根据当前的监管政策做出主观性较强的判断。由此可见，我国法院对于虚拟货币交易法律效力的认定在论证说理上还存在较大的随意性，这不仅不利于法律适用的统一，还容易造成法官自由裁量权的滥用。

法官司法适用的过程在于目光在事实和规范之间来回穿梭。技术原理和产业实践是我们客观认识虚拟货币的基础和前提，不同交易类型对当事人和社会

① 相关研究可参见李迎昌、潘喆《涉虚拟货币纠纷的裁判路径——以委托投资ICO纠纷为切入》，《法律适用》2021年第9期；邓建鹏《虚拟货币交易乱象的法律规制研究》，《人民论坛》2021年第29期；张超《数字货币交易平台的风险及其监管规则建构》，《财经论丛》2020年第3期。

② 参见江苏省泰州市中级人民法院（2019）苏12民终3024号民事判决书。

③ 参见吉林省延边朝鲜族自治州中级人民法院（2019）吉24民终1325号民事判决书。

④ 参见浙江省台州市中级人民法院（2019）浙10民终1587号民事判决书。

⑤ 参见湖南省岳阳市中级人民法院（2020）湘06民终4188号民事判决书。

⑥ 参见广东省深圳市中级人民法院（2019）粤03民终1019号民事判决书。

⑦ 参见河南省南阳市中级人民法院（2020）豫13民终1599号民事判决书。

公共秩序带来的影响截然不同，如果无视这一客观事实而径直做出肯定或否定的判断，无异于书斋中的想象。因此，在分析虚拟货币交易法律效力之前，有必要结合技术原理和当前的产业实践，对虚拟货币交易进行类型区分。为此，本文从虚拟货币交易的不同类型出发，对其法律效力进行逐一分析，以期促进学界对于该问题的探讨并为司法实践的统一提供借鉴和参考。

二 虚拟货币交易概述

在概念上，虚拟货币是非有权机关发行的，以区块链或类似技术为支撑并以电子化方式记录的通货。从法律解释学角度，我国现行虚拟货币监管政策并未否定虚拟货币作为民法中财产的属性。对于虚拟货币的法律属性，学界进行了一定探讨，但并未达成共识，[①] 笔者认为其属于《民法典》第127条中的网络虚拟财产，可以成为民事交易的客体。[②] 所谓虚拟货币交易，是指出卖人转让虚拟货币给买受人，买受人支付相应对价的民事法律行为，其特征在于，首先，虚拟货币交易旨在设立、变更、终止财产关系，是一种民事法律行为；其次，虚拟货币交易以虚拟货币财产利益的转让为内容；最后，对价可以是法定货币，也可以是虚拟货币。在性质上，虚拟货币交易是一种以意思表示为核心的法律行为，但能否产生当事人所预期的法律效果，还有赖于对《民法典》第一编第六章关于民事法律行为效力规定的分析。

在虚拟货币交易的类型上，对于比特币等早期的虚拟货币，其关注人群主要为密码朋克等计算机专业人员，他们主要通过区块链网络进行交易。随着虚拟货币逐步走向社会大众，专门的虚拟货币交易平台相继涌现，满足了人们高频率交易虚拟货币的需求，这也是目前最为主要的虚拟货币交易方式。以全球最大的虚拟货币交易平台币安网（Binance）为例，其用户覆盖全球180多个国家和地区，每秒可以处理的交易达到140万单。除了上述两种交易方式之外，司法实践中大量纠纷与代币发行融资行为有关，它是虚拟货币在融资领域

① 如有学者认为虚拟货币符合网络虚拟财产的特征，参见许多奇、蔡奇翰《我国加密货币财产属性的司法认定——以金融法与民商法的二维区分为视角》，《上海政法学院学报（法治论丛）》2021年第6期。亦有学者持反对意见，认为虚拟货币并非法律意义上的财产。参见李威《论网络虚拟货币的财产属性》，《河北法学》2015年第8期。

② 齐爱民、张哲：《论数字货币的概念与法律性质》，《法律科学（西北政法大学学报）》2021年第2期。

的商业模式创新，但因缺乏有效监管而被用于传销、非法集资等违法犯罪活动。需要说明的是，一方面，由于虚拟货币产业处于快速发展阶段，新型交易方式层出不穷，难以将其穷尽列举；另一方面，在我国司法实践中，亟待理论澄清的主要为上述三种交易类型。因此，下文即对三种不同虚拟货币交易行为的实践样态和法律效力进行逐一分析。

三　区块链交易行为的效力分析

（一）区块链交易行为概述

所谓区块链交易行为，是指民事主体通过区块链网络所实施的以转让虚拟货币为内容的民事法律行为。区块链交易行为的特征在于，首先，它发生于区块链网络之中，主要是交易双方通过私下协商进行一对一交易，依靠区块链网络中不特定的参与节点打包验证并经其他节点同步后完成交易；其次，它以虚拟货币财产利益的转让为内容；最后，它是民事主体旨在设立、变更或终止财产关系的双方法律行为。

以比特币区块链网络为例，它是一个公有链，所有人均可以加入该网络，用户下载比特币在线钱包（也被称为热钱包）即可参与比特币交易。每个比特币用户下载比特币在线钱包后获得一个私钥，它是一组随机数，私钥经过单向哈希运算得到公钥，公钥经过单向哈希运算得到比特币地址，这个地址就相当于我们的银行卡号。在实际交易时，转让方输入受让方的比特币地址、比特币数量、矿工手续费等信息并通过私钥签名后即可发起该笔交易。与传统的银行、第三方支付公司等中心化机构集中处理每笔交易不同的是，在比特币区块链网络中，用户之间的每笔交易都需要经过节点打包验证之后方可被存储在区块之中，只有存储该交易的区块被其他参与节点验证满足挖矿难度并被同步至最长链时，这笔交易才算真正完成，交易记录将被永久记录在比特币区块链网络之中，任何人都可以查看。

除了面对面获取对方交易地址并实施比特币转让外，卖方还可以通过类似于淘宝网的第三方平台如 LocalBitcoins、CoinCola 等网站发布交易信息，买方通过“拍单”完成交易。交易双方也可以通过 QQ、微信等在线聊天工具或其他方式获取比特币地址进行交易。无论采取何种方式获知对方的比特币地址，最终的交易均是通过比特币区块链网络完成。通过这一过程即可发现，这种交易并没有虚拟货币交易平台的参与，它完全依赖于比特币区块链网络本身，用户之间交易的完成有赖于参与节点在比特币区块链网络中的打包验证行为。比特币之后出现的其他虚拟货币，如以太币、EOS币等，虽然在出块速度、区块大小、挖矿难度、节点数量等方面会有所不同，但是在通过区块链网络转让虚拟货币的技术原理上都是一样的。

在中心化虚拟货币交易平台诞生之后，又出现了一种所谓的“去中心化虚拟货币交易平台”，典型代表是位于美国的Uniswap V2，该交易平台搭建在以太坊区块链之上，通过智能合约技术，基于“恒定乘积自动做市”模型（储备池模式、链上撮合、链上清算），并促进以太币和基于以太坊区块链平台发行的其他虚拟货币之间的自动兑换交易。在Uniswap V2中，用户可以自由存入虚拟货币进行兑换，可以自由提取，没有中心化交易平台的注册和身份验证机制。在实际运行中，通过该平台的虚拟货币交易完全发生于以太坊区块链之中。由于并未像火币网、币安网等主流虚拟货币交易平台那样采取中心化运营模式，故而被称为去中心化虚拟货币交易平台。目前此类虚拟货币交易平台主要搭建于以太坊区块链之上，也有少部分搭建于其他公有链之上，如搭建于波场区块链的SunSwap等。受底层区块链出块速度、区块大小等技术限制，这种交易平台在交易处理速度上相对有限，交易量也明显低于币安网等主流虚拟货币交易平台，而是更加注重交易的安全性。例如，交易量排名第一的Uniswap V2在2021年11月1日的成交额为7.64亿美元，而同一天币安网的成交额为1120.24亿美元，后者是前者的146倍。因此，虽然Uniswap V2在名义上被称为虚拟货币交易平台，但其交易模式在本质上和基于比特币区块链网络的交易方式相同，故而笔者将在去中心化虚拟货币交易平台中的交易归类为区块链交易行为。

除了上述常见的在线交易方式外，还有少量以硬件钱包、纸钱包等冷钱包线下交付的交易。所谓冷钱包，是相对于热钱包的概念，它是一种离线钱包，通过离线让私钥不接触网络，目的在于保证私钥的安全。常见的冷钱包包括硬件钱包（类似U盾）和纸钱包（把私钥记在纸上存储）。用户转让冷钱包的过程类似于动产交付，受让方获得硬盘或卡片实物后就获取了钱包中的私钥，登录区块链网络即可拥有该私钥所控制的虚拟货币。受让方还可以将这些虚拟货币通过区块链网络转移至自己常用的虚拟货币地址中。因此，民事主体通过冷钱包的虚拟货币交易在本质上仍是通过区块链网络完成，故而属于区块链交易行为。

综上可见，区块链交易行为是最原始的虚拟货币交易方式。它以区块链技术为基础，注重交易的匿名性、安全性和交易记录的不可篡改性，这种技术结构也导致这种交易受到区块链网络本身较大的限制，主要体现在交易处理量、区块容量、出块时间、与其他区块链的兼容性等方面。不仅如此，在虚拟货币价格发生剧烈变动时，由于交易在一定时间段内大量发起，而区块容量又有限，所以就常常发生区块链网络拥堵问题，一旦出现这种情况，如果交易方支付的手续费过低，一项交易在发出很长时间后都可能没有被打包和确认，而此时比特币的价格可能已经发生很大的变化，造成投资亏损。例如，2017 年 12 月，比特币价格暴涨，这导致全网比特币交易量暴增，比特币区块链网络拥堵严重，当月一笔交易平均等待时间是两天两夜。此外，由于不同区块链采取不同的共识机制，其相互之间可能存在不兼容的问题，这样就导致不同类型的虚拟货币之间无法相互兑换，这就大大限制了虚拟货币的交易量，这些弊端也催生了中心化虚拟货币交易平台的出现。

（二）区块链交易行为原则上是有效法律行为

对于区块链交易行为的法律效力，在法律适用上，由于我国《民法典·合同编》并没有将虚拟货币交易作为有名合同进行规定，也没有在合同编第三章规定此类合同的效力，因而应当根据第 508 条的规定适用总则编第六章关于民事法律行为的规定。《民法典》第 143 条规定了民事法律行为有效的要件，在满足民事主体行为能力和意思表示真实的情况下，区块链交易行为法律效力判断的关键就是第三项，即不违反法律、行政法规的强制性规定，不违背公序良俗。由于我国现行法律行政法规并没有对虚拟货币交易行为的法律效力做出明确规定，而公序良俗这一概念又比较抽象，因此需要结合当前的虚拟货币监管政策予以判断。

对于实践中因虚拟货币引发的种种问题，自 2013 年起，中国人民银行等国家部委以及地方金融监管部门对虚拟货币乱象进行了一定的政策回应，我国对虚拟货币的监管态度也日渐清晰。在诸多监管政策中，中国人民银行等部委联合发布的三份部门规范性文件最具指导意义，它们既是法院处理数字货币纠纷的主要依据，也代表了我国数字货币监管的三个阶段。从我国虚拟货币监管政策的规定内容来看，《关于防范比特币风险的通知》（以下简称《通知》）、《关于防范代币发行融资风险的公告》（以下简称《公告》）和《关于进一步防范和处置虚拟货币交易炒作风险的通知》均没有明确否定区块链交易行为的合法性。《通知》发布后，中国人民银行相关负责人就比特币相关事宜答记者问，其中就比特币交易问题指出："比特币交易作为一种互联网上的商品买卖行为，普通民众在自担风险的前提下，拥有参与的自由。"[①] 由此可见，社会民众可以以商品方式买卖比特币，但是要考虑这类商品的风险。《关于进一

---

① 中国人民银行：《人民银行相关负责人就比特币相关事宜答记者问》，中国政府网（http：//www.gov.cn/gzdt/2013-12/05/content_2542734.htm）。

步防范和处置虚拟货币交易炒作风险的通知》规定："任何法人、非法人组织和自然人投资虚拟货币及相关衍生品，违背公序良俗的，相关民事法律行为无效，由此引发的损失由其自行承担；涉嫌破坏金融秩序、危害金融安全的，由相关部门依法查处。"也就是说，只有违背公序良俗的虚拟货币交易行为，才是无效法律行为，而并非像一些人所理解的否定一切虚拟货币交易行为。

在民法理论中，私法自治原则是指"个体基于自己的意思为自己形成法律关系的原则"。[①] 根据这一原则，在没有明确否定民事法律行为效力的理由时，应当尽可能将该行为解释为有效的法律行为。即使是超越了私法自治的界限，"首先应当试图通过某种善意的解释或者转换来挽救这种行为的有效性"。[②] 因此，笔者认为，考虑到当事人之间通过区块链网络的虚拟货币交易行为在交易频率和交易量上比较小，既难以被认为会引发系统性金融风险，也难以被认为会绝对地损害国家利益或者社会公共利益。故而，区块链交易行为并不直接影响金融安全等公序良俗，在没有明确否定其法律效力的事由时，应当尊重当事人之间的意思自治，其原则上是有效法律行为。需要注意的是，这仅仅表明此种交易方式原则上有效，而并不代表以该种方式进行的所有虚拟货币交易行为均是有效的，具体还要结合当事人做出转让虚拟货币的意思表示是否真实等因素，如果存在欺诈、胁迫、显失公平等情形，那么即使当事人通过区块链网络转让了虚拟货币，该行为亦可能被认定为可撤销的民事法律行为。此外，如果能够证明当事人通过区块链网络转让虚拟货币的行为涉嫌洗钱等违法犯罪活动，那么该行为将因《民法典》第153条第1款的规定而无效，当事人不仅无法实现其所期待的法律效果，而且还可能因违反《刑法》的相关规定而承担刑事责任。

四　平台交易行为的效力分析

（一）平台交易行为概述

所谓平台交易行为，是指民事主体通过中心化虚拟货币交易平台实施的以转让虚拟货币为内容的民事法律行为。该行为的特征在于，首先，它发生于中心化虚拟货币交易平台之中，而非区块链网络，用户在该平台内发起交易，依

① ［德］维尔纳·弗卢梅：《法律行为论》，迟颖译，法律出版社2012年版，第1页。

② ［德］迪特尔·梅迪库斯：《德国民法总论》，邵建东译，法律出版社2013年版，第370页。

靠中心化虚拟货币交易平台提供的定价、交易撮合等服务完成交易；其次，它以虚拟货币财产利益的转让为内容；最后，在交易中，它至少涉及交易双方和虚拟货币交易平台本身，因此它是民事主体旨在设立、变更或终止财产关系的多方法律行为。

平台交易行为是目前虚拟货币交易最为普遍、交易量也最大的交易类型，类似于证券交易所在证券市场的中心地位，虚拟货币交易平台位于平台交易行为的中心。我国现行监管政策并未对虚拟货币交易平台进行明确界定，根据我国台湾地区金融监督管理委员会于2021年6月30日发布的《虚拟通货平台及交易业务事业防制洗钱及打击资恐办法》，虚拟通货平台是指为他人从事下列活动为业者：（1）虚拟通货与新台币、外国货币及大陆地区、香港或澳门发行之货币间之交换。（2）虚拟通货间之交换。（3）进行虚拟通货之移转。（4）保管、管理虚拟通货或提供相关管理工具。（5）参与及提供虚拟通货发行或销售之相关金融服务。根据该定义和《关于进一步防范和处置虚拟货币交易炒作风险的通知》的规定，① 虚拟货币交易平台的业务范围涵盖了法币兑换、币币交易、资产保管、上币、交易撮合、信息中介等。随着虚拟货币在全球范围内的流行，虚拟货币交易平台也得到了迅速发展。据“非小号”网站统计，截至2022年1月25日，全球虚拟货币交易平台有621家，其中大型虚拟货币交易平台包括币安网、火币网、中币网、okex、Coinbase等。② 在交易方式上，包括法币交易、币币交易、衍生品交易等，其中币币交易是主要方式。在具体操作上，用户先将法币兑换成特定的虚拟货币，如以太币、泰达币等，然后再通过虚拟货币交易平台提供的多个交易对，如USDT/BTC、USDT/ETH等，实现与其他虚拟货币的自由兑换，这种方式大大增加了可交易的虚拟货币种类，从而满足投资者的交易需求。除了撮合买卖双方交易这一主要业务之外，一些交易平台还会扮演做市商的角色，在交易量较低的情况下，充当中央对手促进交易，从而维持交易的活跃度。

中心化虚拟货币交易平台是固定地从事虚拟货币交易服务的机构，以盈利

---

① 《关于进一步防范和处置虚拟货币交易炒作风险的通知》第一条：（二）虚拟货币相关业务活动属于非法金融活动。开展法定货币与虚拟货币兑换业务、虚拟货币之间的兑换业务、作为中央对手方买卖虚拟货币、为虚拟货币交易提供信息中介和定价服务、代币发行融资以及虚拟货币衍生品交易等虚拟货币相关业务活动涉嫌非法发售代币票券、擅自公开发行证券、非法经营期货业务、非法集资等非法金融活动，一律严格禁止，坚决依法取缔。对于开展相关非法金融活动构成犯罪的，依法追究刑事责任。

② 参见“非小号”网（https：//www.fxhapp.com/exchange/）。

为目的，其利润来源主要包括三大块，即用户的交易手续费、虚拟货币项目的上币费以及虚拟货币交易平台承担做市商角色所赚取的差价。对于交易手续费，它产生于用户发起的每一笔交易，一般由系统自动设定，用户出于自身交易需要也可以选择增加或减少交易手续费，项目上币费是指代币发行融资方需要向虚拟货币交易平台交的费用。随着比特币等虚拟货币价格的暴涨，全球大量资本开始涌向虚拟货币交易平台，由于目前虚拟货币交易平台在交易制度上大多实行7×24小时不间断交易，使得其交易量一直维持在很高的水平，利润自然也非常可观。以火币网为例，在2020年1月15日一天的交易额高达1588.24亿元，当天上证A股的交易额为2329亿元，创业板的交易额为1340亿元。也就是说，火币网的成交额超过了我国整个创业板股票市场。全球最大的虚拟货币交易平台币安网日交易额达到760亿美元，2021年12月1日，币安网创始人赵长鹏凭借900亿美元的身价跻身全球十大富豪之列，[①] 这足可见虚拟货币交易平台巨大的盈利空间。

对于社会大众而言，大量的虚拟货币交易就是通过中心化虚拟货币交易平台实现的，由于交易结算过程类似于支付宝用户之间的转账，因此交易速度十分快，能够满足投资者对虚拟货币快进快出的交易需求，导致大量虚拟货币交易炒作活动。在《公告》发布之前，我国大陆地区存在较多虚拟货币交易平台，如比特币中国、火币网、OKCoin等。2017年9月4日《公告》发布之后，大量虚拟货币交易平台转移至海外。我国监管部门陆续关闭多家虚拟货币交易平台，据央视新闻报道，自2019年以来，全国已累计关闭6家新发现的境内虚拟货币交易平台。分7批通过技术处理203家境外虚拟货币交易所，通过两家大型非银行支付机构关闭虚拟货币账户近万个；微信平台上，已关闭涉及宣传营销小程序与公众号300个。[②] 目前，在全球范围内，中心化虚拟货币交易平台主要分布在新加坡、美国、塞舌尔、马耳他、英国、开曼群岛等地。

（二）平台交易行为是无效法律行为

对于平台交易行为，问题的争议主要在于在交易双方具有完全民事行为能力，意思表示真实，且不存在可撤销、效力未定的情况下，该交易行为是否有效。对此，需要分析我国《民法典》第153条的适用。该条包括两款，即违

① 《中国基金报》澎湃号：《华人首富易主赵长鹏：身价900亿美元，跻身全球十大富豪》，澎湃网（https：//www.thepaper.cn/newsDetail_forward_15633853）。

② 凤凰网区块链：《央视再曝“区块链诈骗”：今年已关闭6家境内虚拟货币交易平台》，凤凰网（https：//tech.ifeng.com/c/7sIN0FaPWAs）。

背法律行政法规的强制性规定和违背公序良俗。在二者之间的关系上，“强制性法律规定只是以实证法的方式体现了公序良俗而已”，[①] 因此，在认定合同无效时，应先考察合同是否违反法律、行政法规的强制性规定，只有在不存在强制性规范时，才能适用违反公序良俗无效的规则。[②] 此外，考虑到强制性规定在认定上的不确定性，为避免法官滥用自由裁量权而大量否定民事合同的法律效力，笔者赞同在存疑时应诠释为“原则有效，例外无效”的价值表达，以尽可能尊重市场主体的意思自治和保护交易安全。[③]

关于强制性规定的效力层级，学界通说认为，《民法典》第153条第1款中的“法律、行政法规”应采严格解释，即全国人大及其常委会制定的法律和国务院制定的行政法规，[④] 但是在2019年11月8日最高人民法院发布的《全国法院民商事审判工作会议纪要》（以下简称《九民纪要》）中，规章也具有导致合同无效的可能。[⑤] 该规定允许在特殊情况下以规章来否定民事合同的效力，但在法律适用上更加严格，要在考察规范对象基础上，兼顾监管强度、交易安全保护以及社会影响等方面进行慎重考量，并在裁判文书中进行充分说理。在最高人民法院“指导案例170号饶国礼诉某物资供应站等房屋租赁合同纠纷案”中，法院就指出《商品房屋租赁管理办法》虽在效力等级上属部门规章，但是，该办法第6条规定体现的是对社会公共安全的保护以及对公序良俗的维护，[⑥] 基于此否定了当事人之间租赁合同的效力。有学者也指出：“金融监管规章通过公序良俗这一原则性规定进而影响合同的效力是合理的、充分的和必要的。”[⑦] 笔者赞同这一观点，原因在于，我国自改革开放以来，无论是经济发展还是社会治理，都处于快速变化阶段，这种国情使得法

---

① 杨代雄：《法律行为论》，北京大学出版社2021年版，第409—410页。

② 最高人民法院民事审判第二庭编著：《全国法院民商事审判工作会议纪要理解与适用》，人民法院出版社2019年版，第256页。

③ 冉克平：《论效力性强制规范与私法自治——兼析〈民法总则〉第153条第1款》，《山东大学学报》（哲学社会科学版）2019年第1期。

④ 王利明：《民法总则研究》第三版，中国人民大学出版社2018年版，第559页。

⑤ 最高人民法院发布的《全国法院民商事审判工作会议纪要》第31条：违反规章一般情况下不影响合同效力，但该规章的内容涉及金融安全、市场秩序、国家宏观政策等公序良俗的，应当认定合同无效。人民法院在认定规章是否涉及公序良俗时，要在考察规范对象基础上，兼顾监管强度、交易安全保护以及社会影响等方面进行慎重考量，并在裁判文书中进行充分说理。

⑥ 参见最高人民法院（2019）最高法民再97号民事判决书。

⑦ 杜一华、尹鑫鹏：《金融监管规章影响合同效力的公序良俗通道研究》，《河北法学》2020年第11期。

律这一上层建筑的滞后性尤为明显。相较于法律，部门规章既具有一定的规范性，立法成本又较低，是一种集灵活性和规范性于一体的规制方式，尤其适合处理短期和紧急社会问题。需要注意的是，该条适用的前提条件就是规章的内容涉及公序良俗。这一规定其实是将合同无效的理由指向了公序良俗，这样可以避免法院随意以规章来否定合同的效力，进而损害公民的意思自治。

根据上文分析可知，《九民纪要》虽然肯定了以部门规章来否定民事合同效力的正当性，但其根本原因在于部门规章内容涉及公序良俗而非规章本身的效力层级，因此这意味着对《民法典》第153条第1款中的“法律行政法规”仍应做严格解释。就此而言，在效力层级上，《通知》《公告》《关于进一步防范和处置虚拟货币交易炒作风险的通知》仅仅是部门规范性文件，既非法律、行政法规，也非《九民纪要》中所规定的规章。因此，在我国虚拟货币法律制度供给不足的当下，上述规定难以作为认定虚拟货币交易无效的直接依据。因此，问题的核心就是分析平台交易行为是否违背了公序良俗。

1. 公序良俗的法律内涵

在现代民法中，公序良俗原则“是社会对个人自由的一种制度化和理性化的限制和约束，也是对社会公共利益的有力捍卫”。① 在立法例上，法国民法在罗马法的“善良风俗”之外增加了“公共秩序”，形成了一条完整的公序良俗原则。② 近代大陆法系国家民法多将公序良俗作为法律行为无效的事由予以规定。英美法中与之对应的概念为“公共政策”。对于公序良俗的内涵，我国现行法律并没有做出明确规定。一般认为，公序良俗包括公共秩序和善良风俗，由于这一概念较为模糊，但违反的后果是直接无效，因此，“在认定民事法律行为因违反公序良俗而无效时，应当特别慎重，以防公序良俗之违反沦为肆意否定民事法律行为效力的工具”。③

在司法实践中，我国一些指导性案例对公序良俗的内涵做了界定，为类似案件的处理提供了指引。例如，最高人民法院指导案例140号指出：“该村规民约是红山村村民的行为准则和道德规范，形成红山村的公序良俗。”④ 在最

① 赵万一、吴晓锋：《契约自由与公序良俗》，《现代法学》2003年第3期。

② 杨代雄：《法律行为论》，北京大学出版社2021年版，第410页。

③ 张新宝：《〈中华人民共和国民法总则〉释义》，中国人民大学出版社2017年版，第291页。

④ 参见最高人民法院指导案例140号：李秋月等诉广州市花都区梯面镇红山村村民委员会违反安全保障义务责任纠纷案。

高人民法院2016年公布的10起弘扬社会主义核心价值观典型案例“北燕云依”诉某派出所拒绝办理户口登记案中，法院认为，公安机关拒绝对“北燕云依”进行户口登记，符合法律规定，恪守了公序良俗的要求，维护了正常社会管理秩序，得到了人民法院的依法支持。此外，在2021年最高人民法院发布的互联网十大典型案例中，北京互联网法院认为“暗刷流量”的行为违反商业道德底线，损害了社会公共利益、违背公序良俗，其行为应属绝对无效。[①] 在我国，婚姻道德亦是一种非常重要的公序良俗，如果夫妻一方在婚内与第三者保持不正当关系并存在财产赠予等行为时，法院亦可能会以违背公序良俗为由否定赠予行为的法律效力。[②]

从上述典型案例中可以看到，我国司法实践中公序良俗的认定主要体现为村规民约、道德规范、社会风俗或商业道德。从王利明教授列举的十种违背善良风俗的行为可以看到，善良风俗主要集中于道德层面，如家庭伦理道德、性道德、商业道德、职场道德等。[③] 也有学者对现有司法实践总结后认为，“公序良俗原则条款最主要指向国家政策、合同效力、家庭关系和民间习俗四种类型”。[④] 笔者认为，公序良俗条款是典型的弹性条款，对于一些社会主流的道德规范，如性道德、婚姻道德、村规民约等，可以遵循既有的司法实践，但是对于商业道德等文化属性不是特别明显的社会规范，尽管当事人的行为可能不诚信，由于考虑到该条款对民事主体行为自由影响较大，因此法官对其适用应当更加谨慎并进行充分说理，防止随意否定法律行为的效力，损害民事主体的意思自治。

2. 平台交易行为与公序良俗

在功能上，“现代民法中的公序良俗原则不再局限于仅对意思自治的消极限制，而是嬗变为对社会生活的积极干预，适用领域得以全面拓展”。[⑤] 公序良俗也开始越来越多地体现为国家宏观监管政策，从而实现民法对消费者、劳动者等群体的倾斜保护。对此，《九民纪要》关于“效力性强制性规定”的定义以及以部门规章来否定民事合同效力的规定均明确将“金融安全”“市场秩

① 参见北京互联网法院（2019）京0491民初2547号民事判决书。

② 每日经济新闻搜狐号：《男子转账1314元引妻子警觉，将第三者告上法庭；法院：4年转账15万全部返还》，搜狐网（https://www.sohu.com/a/490382558_115362）。

③ 王利明：《民法总则研究》第三版，中国人民大学出版社2018年版，第562—563页。

④ 向淼：《公序良俗原则司法适用的模式与类型——基于对243个案件的统计分析》，《复旦学报》（社会科学版）2015年第5期。

⑤ 杨德群：《公序良俗原则比较研究》，中国社会科学出版社2017年版，第2页。

序”“国家宏观政策”纳入公序良俗的范围。

“金融安全”在我国并不是一个具有明确内涵的法律概念，其只是以词组方式出现在少量的规范之中，例如，2021年修订的《行政处罚法》第36条第1款，[①]《工业产品生产许可证管理条例》第2条，[②]《国有重点金融机构监事会暂行条例》第12条等。[③] 这些规定并未对金融安全做进一步的界定，而由于这一概念本身的模糊性，容易导致在具体理解和法律适用上的分歧。与立法规范相比，金融安全更多出现在国家的政策性文件和重要会议之中。2017年4月25日，习近平总书记在主持中共中央政治局第四十次集体学习时强调，金融安全是国家安全的重要组成部分，是经济平稳健康发展的重要基础。维护金融安全，是关系我国经济社会发展全局的一件带有战略性、根本性的大事。这一论断将金融安全纳入国家安全之中，大大提升了金融安全在我国国家发展战略和治理中的重要性。在理论上，有学者认为，金融安全就是“货币资金融通的安全，凡是与货币流通以及信用直接相关的经济活动都属于银行业金融安全的范畴”。[④]“金融安全”话语虽然很难在法律上被严格定义，但却是司法行为的“润滑剂”。[⑤] 借助这一模糊的概念，法院可以为其自由裁量权找到合理性和正当性的理由，也可以将公共政策和金融监管政策转化为司法政策，从而在个案中做出具体判断。笔者认为，金融安全是公序良俗的具体化，但是法院不能以“金融安全”之名径直否定民事合同的效力，而应当进行充分的论证，如考虑交易行为是否会引发系统性金融风险、交易场所是否违法等。

我国现有立法并未对“国家宏观政策”做出明确规定，但是按照字面意思，此处的“国家宏观政策”应当被理解为国家有关机关发布的，在全国范围内具有政策导向性的宏观政策，如《中共中央　国务院关于完整准确全面贯彻新发展理念做好碳达峰碳中和工作的意见》《国家发展改革委等部门关于

① 《中华人民共和国行政处罚法》（2021修订）第三十六条第一款：违法行为在二年内未被发现的，不再给予行政处罚；涉及公民生命健康安全、金融安全且有危害后果的，上述期限延长至五年。法律另有规定的除外。”

② 《中华人民共和国工业产品生产许可证管理条例》第二条：国家对生产下列重要工业产品的企业实行生产许可证制度：（三）税控收款机、防伪验钞仪、卫星电视广播地面接收设备、无线广播电视发射设备等关系金融安全和通信质量安全的产品。

③ 《国有重点金融机构监事会暂行条例》第十二条：监事会在监督检查中发现国有金融机构的经营行为有可能危及金融安全、造成国有资产流失或者侵害国有资产所有者权益以及监事会认为应当立即报告的其他紧急情况，应当及时向监事会管理机构提出专项报告，也可以直接向国务院报告。

④ 朱海洋：《国际金融》，上海交通大学出版社2008年版，第98页。

⑤ 黄韬：《“金融安全”的司法表达》，《法学家》2020年第4期。

整治虚拟货币“挖矿”活动的通知》等，这些宏观政策对于产业发展具有鲜明的政策导向，不仅会影响人们的经济活动，也将影响司法实践中法院对于相关民事合同效力的认定。关于“市场秩序”，现有立法亦没有对其进行明确界定。我国《刑法》第225条规定了非法经营罪，其构成要件之一就是扰乱市场秩序。实践中，非法经营罪经常被作为口袋罪使用，这也表明“市场秩序”概念本身的模糊性。关于交易场所的界定，根据2011年11月11日发布的《国务院关于清理整顿各类交易场所切实防范金融风险的决定》：“交易场所是为所有市场参与者提供平等、透明交易机会，进行有序交易的平台。”在特征上，由于所交易的内容是权益、文化艺术品、大宗商品等金融产品，这类产品具有显著的金融属性和高风险性，因此，此类交易场所具有较强的社会性和公共性，如果缺乏相应的监管而任由其自由发展，极易引发系统性和区域性金融风险，造成大量投资者损失，甚至影响社会稳定。综上可见，金融安全、国家宏观政策、市场秩序缺乏明确的法律界定，它们自身也具有较强的动态性，更多是公序良俗的参考因素。这也意味着虚拟货币监管政策具有成为公序良俗的可能，对此需要考量监管强度、所采取的执法措施等因素。

与美国、日本、新加坡等国家将虚拟货币交易平台纳入金融监管不同，我国2017年9月4日发布的《公告》对虚拟货币交易平台业务采取了全面禁止的做法。① 在刑事司法实践中，未经批准开设虚拟货币交易平台并吸收公众存款的行为涉嫌非法经营罪。② 但是近年来还有一些虚拟货币交易平台通过境外服务器继续向境内投资者提供虚拟货币交易服务，以逃避监管。于是，中国人民银行等十部委于2021年9月24日发布的《关于进一步防范和处置虚拟货币交易炒作风险的通知》，将开展法定货币与虚拟货币兑换业务、虚拟货币之间的兑换业务、作为中央对手方买卖虚拟货币、为虚拟货币交易提供信息中介和定价服务、代币发行融资以及虚拟货币衍生品交易等虚拟货币相关业务活动定性为非法金融活动，境外虚拟货币交易所通过互联网向我国境内居民提供服务同样属于非法金融活动。在执法措施上也更强调部门联合、风险监测预警和刑事打击。该通知发布后，许多境外虚拟货币交易平台禁止了我国大陆地区用户的注册并进行清退工作。由此可见，我国对虚拟货币交易平台的监管力度进一步加强，将境外虚拟货币交易平台的服务行为纳入打击范围，以彰显遏制虚拟

---

① 《关于防范代币发行融资风险的公告》第三条：本公告发布之日起，任何所谓的代币融资交易平台不得从事法定货币与代币、‘虚拟货币’相互之间的兑换业务，不得买卖或作为中央对手方买卖代币或‘虚拟货币’，不得为代币或‘虚拟货币’提供定价、信息中介等服务。

② 参见湖南省邵阳市双清区人民法院（2020）湘0502刑初75号刑事判决书。

货币交易炒作活动的决心，这足以说明虚拟货币监管政策涉及公序良俗，法院可依据《民法典》第153条第2款否定平台交易行为的法律效力。

笔者认为，近年来我国不断加强对虚拟货币监管的主要原因在于虚拟货币更多被投机者用于交易炒作，甚至是牟取非法利益，这些行为并没有发挥虚拟货币在支付、融资等领域的正向功能，不仅没有使金融服务于实体经济，反而滋生了大量违法犯罪活动。一些虚拟货币交易平台为牟取利益，还会采取机器人程序刷量、篡改数据等行为营造交易繁荣假象，使用横盘、拉盘，砸盘等技术手段操纵交易，甚至通过宕机、拔网线、冻结资产等手段使交易停滞，造成投资者财产损失。① 我国经济发展过程中，类似的炒作现象层出不穷，最典型的就是房地产交易炒作，国家以及各地出台的限购令等遏制房地产炒作现象的政策目的在于维护社会公共利益，因此，当事人为规避限购令而订立旨在购房的借名协议应认定为违背公序良俗。② 由此可见，在国家不断强化对虚拟货币交易炒作活动的打击态势下，平台交易行为存在扰乱金融秩序的风险，应当被认定为违背公序良俗。

我国民事司法实践也多将平台交易行为认定为无效法律行为。例如，在黄燕、夏蒙委托合同纠纷案中，黄燕在okex平台上建立账户并购买USDT，随后将账户交给夏蒙操作。法院认定该行为有违金融管制相关的强制性规定，在我国不受法律的保护，行为造成的后果应当由黄燕自行承担。③ 本案中的okex平台虽然没有作为虚拟货币的实际交易方，但是却为虚拟货币交易提供定价、信息中介等服务，进而应当被禁止。在王晨威与王凯莉民间委托理财合同纠纷案中，王凯莉委托王晨威在火币网上投资波场币，王晨威先是在火币网中通过第三方卖家购买了泰达币，而后兑换波场币，后因涉案波场币无法交易、无法提取，也无法变现而涉诉。一审和二审法院均否定了委托理财合同的效力。④

综上所述，在《公告》和《关于进一步防范和处置虚拟货币交易炒作风险的通知》明确否定虚拟货币交易平台市场准入资格以及强监管态势下，其应属无效法律行为。

---

① 中国互联网金融协会：《关于参与境外虚拟货币交易平台投机炒作的风险提示》，中国互联网金融协会官网（https：//www. nifa. org. cn/nifa/2955675/2955763/2987308/index. html）。

② 杨代雄：《借名购房及借名登记中的物权变动》，《法学》2016年第8期。

③ 参见山东省枣庄市中级人民法院（2021）鲁04民终927号民事判决书。

④ 参见上海市第二中级人民法院（2020）沪02民终7308号民事判决书。

五 代币发行融资行为的效力分析

（一）代币发行融资行为概述

所谓代币发行融资行为，是指融资主体通过区块链网络发行虚拟货币并由投资者认购的民事法律行为。《公告》明确指出，“代币发行融资是指融资主体通过代币的违规发售、流通，向投资者筹集比特币、以太币等所谓‘虚拟货币’”，突出其违法性。该行为的特征在于，首先，它发生于区块链网络之中，融资方通过代码设定发行的虚拟货币名称、数量等内容；其次，它的募集对象为比特币、以太币等主流虚拟货币，目的在于为区块链项目融资；最后，它是民事主体旨在设立、变更或终止财产关系的双方法律行为。

在代币发行融资过程中，往往是融资主体在代币融资平台发布白皮书并向社会大众募集比特币、以太币等主流虚拟货币，投资者将主流虚拟货币转入指定地址后可以获取一定量的项目虚拟货币。募集结束后，融资主体将募集来的主流虚拟货币通过虚拟货币交易平台等中介机构兑换为法定货币并用于项目的开发，投资者可以在项目发起人自己设立的交易平台或币安网等专业虚拟货币交易平台中进行交易。在实际运作中，融资主体会对投资者做出一定的限制，如仅限于机构投资者等，此时机构可能会先从其他个人投资者处募集资金，然后通过委托合同方式代为投资。

代币发行融资最主要的表现形式就是首次代币发行（Initial Coin Offering，ICO），其是指“初始数字加密货币首次公开发售，主要应用于区块链领域，由区块链初创公司或项目开发方，通过发行数字加密货币筹集法定货币或主流数字货币来获得项目资金”。[①] 有学者认为ICO是“初创企业或者项目通过发行代币的方式募集比特币等流通能力较强的数字货币来进行融资，是一种股权融资的变异形态”。[②] 与股权融资相比，ICO突破了股权融资的地域性限制，面向全球投资者，融资周期也大大缩短，一些无法获得风险投资的区块链初创企业纷纷选择ICO方式融资。受世界各国对区块链的重视和全球虚拟货币市场暴涨的影响，ICO在2016年之后席卷全球，它的出现也被投资界视为一场

---

① 伍旭川等：《ICO的发展、风险与监管》，《中国金融》2017年第18期。

② 杨东：《监管ICO》，《中国金融》2017年第16期。

对风险投资的重大革命。[①] 随着ICO市场的火爆，项目融资方从区块链科技企业扩展到社交、娱乐、博彩、支付等行业。我国2016年之前的区块链投资还是以风险投资为主，从2017年第3季度开始，通过ICO获得的资金量已经超过了风险投资。[②] 据国家互联网金融安全技术专家委员会于2017年7月25日发布的《2017上半年国内ICO发展情况报告》显示，截至2017年7月18日，监测发现在四类平台上线并完成ICO的项目65个，项目上线频率呈指数级加速趋势。从2017年年初至2017年7月19日，融资金额折合人民币总计26.16亿元，累计参与人次达10.5万。[③] 由于大量个人投资者的非理性追逐和ICO本身缺乏有效的监管，它也成为违法犯罪分子牟取非法利益的新手段。

代币发行融资行为活跃的背后也蕴藏着巨大的风险。在实际运作中，许多ICO白皮书仅需要提交给筹资平台，而并未提交给监管机构，发行人往往也不会主动披露更多的项目信息，这就使得大量ICO项目处于监管空白状态。许多项目发起人就是利用这种监管真空和投资者的投机心理迅速获取大量筹资款，而这些筹资款在使用中由于缺乏必要的外部约束和监管，使得许多项目发起人并未将筹资款用于白皮书中所宣称的项目中，甚至是直接跑路。总体而言，ICO项目存在发行缺乏明确规范、技术隐患、融资方道德风险、加剧虚拟货币的价值泡沫、投资人非理性等风险，[④] 这些风险使得代币发行融资很可能成为违法犯罪活动的新手段。据ICO咨询公司Satis Group发布的报告显示，全球2017年近八成ICO都是骗局。[⑤] 中国人民银行相关人士研究了大量的ICO白皮书，得出的结论是："90%的ICO项目涉嫌非法集资和主观故意诈骗，真正募集资金用作项目投资的ICO，其实连1%都不到。"[⑥] 更荒诞的是，连白皮书都没有的PressOne项目仅用4小时就吸引了1.4万人参与，融资近5亿元人

---

① 潘越等：《代币发行融资研究——基于企业生存时间的视角》，《金融研究》2020年第6期。

② 鲸准研究院：《2018中国区块链行业白皮书》，腾讯云网（https://cloud.tencent.com/developer/article/1182480）。

③ 国家互联网金融安全技术专家委员会：《2017上半年国内ICO发展情况报告》，国家互联网金融安全技术专家委员会官网（https://www.ifcert.org.cn/industry/158/IndustryDetail）。

④ 清华大学国家金融研究院：《中国ICO监管》，清华大学五道口金融学院官网（http://www.pbcsf.tsinghua.edu.cn/Upload/file/20171026/20171026143753_7130.pdf）。

⑤ Mashable中文站：《调查显示2017年近八成ICO都是骗局》，腾讯网（https://tech.qq.com/a/20180713/012773.htm）。

⑥ 凤凰财经综合：《媒体称央行认定ICO属于变相非法集资》，凤凰网（https://news.ifeng.com/a/20170902/51846831_0.shtml）。

民币。

由于代币发行融资尚处于早期阶段，该市场还存在较大风险和不稳定性，其对企业乃至整个金融市场的影响还并不明确。有学者的实证研究表明，相较于股权融资，ICO 会显著缩短初创企业的寿命。在宏观层面，其不良影响会恶化地区的信用环境，显著提高地区的融资成本。① 对于我国而言，当前的投资者主要是中小投资者，投资者购买通过 ICO 发行的虚拟货币主要是为了获得企业未来提供的商品或服务。② 但是由于这个市场存在高度的信息不对称并缺乏有效的监管，加上投资者风险识别能力和风险承担能力较弱，因此在发生大范围亏损时很容易引发群体性事件。许多投资者并不知道所投资的虚拟货币究竟有什么价值，对于项目发起方也缺乏足够的了解，更多是一种跟风炒作，意在获取投机收益。正因为代币发行融资行为未经官方批准就向社会公众募集资金，且具有信息披露不充分、融资门槛低、资金使用不透明等问题，很容易被犯罪分子利用实施诈骗、传销、非法集资等活动，导致大量投资者被骗，也在一定程度上扰乱了金融秩序。因此，中国人民银行于 2017 年 9 月 4 日紧急叫停了 ICO，《公告》明确了该行为本质上是一种未经批准非法公开融资的行为，涉嫌非法发售代币票券、非法发行证券以及非法集资、金融诈骗、传销等违法犯罪活动。《公告》发布后，我国加大了对虚拟货币违法犯罪活动的整治力度，陆续破获了一批重大虚拟货币交易案件，如公安部指挥破获的“Plus Token 平台”网络传销案，这是公安机关侦破的首起以比特币等虚拟货币为交易媒介的网络传销案，涉及参与人员 200 余万人，层级关系有 3000 余层，涉案虚拟货币总值逾 400 亿元。③ 经过公安、金融、网信等部门的联合打击，这类行为受到了极大遏制。《关于进一步防范和处置虚拟货币交易炒作风险的通知》也再一次明确了代币发行融资行为属于非法金融活动。

（二）代币发行融资行为是无效法律行为

在代币发行融资行为法律问题研究上，我国学界多集中于金融监管和刑法规制方面。基于 ICO 集金融创新和高风险于一体的特性，多数学者主张采取

① 潘越等：《代币发行融资研究——基于企业生存时间的视角》，《金融研究》2020 年第 6 期。

② 徐忠、邹传伟：《区块链能做什么、不能做什么?》，《金融研究》2018 年第 11 期。

③ 参见江苏省盐城市中级人民法院（2021）苏 09 刑终 218 号刑事裁定书。

监管沙盒模式，[①] 而其前提则在于承认了ICO的合法性。在刑法规制方面，学界讨论多集中于ICO与非法集资的关联性，有学者主张扩大"资金"的解释，[②] 也有学者主张修法将ICO纳入《刑法》第176条的适用范围，[③] 还有学者主张适用"非法经营罪"。[④] 虽然学者观点不同，但共同价值取向在于ICO的违法性。

在司法实践中，我国法院对于代币发行融资行为存在认识上的不统一之处。例如，在刘焯与赵燕清等委托合同纠纷案中，赵燕清向刘焯转账20万元，通过刘焯代买并投资BUT虚拟货币，随后又要求退出BUT币投资。一审法院认可了BUT币的虚拟财产属性和委托合同的效力，二审法院否定了委托合同的法律效力并认为，虚拟货币不受法律保护，因虚拟货币产生的债务均系非法债务。[⑤] 本案中当事人的行为属于典型的参与代币发行融资活动，但是法院的观点实则否定了虚拟货币的所有流通行为，这将导致区块链交易行为亦被判无效，损害当事人的合法权益。

对于同一主体实施的代币发行融资行为，我国法院还出现了相反的效力认定。例如，在张秀珍、张念鸿民间借贷纠纷案中，张秀珍出具《借条》，所借内容为MBI平台注册点。二审法院认为张秀珍所提交的证据未能证明本案所涉虚拟货币涉及法律法规所禁止的未经批准非法公开融资的行为，故而肯定了该合同的效力。[⑥] 同样是MBI平台下的虚拟货币交易行为，在李秀芳、唐银坤与陶红兵、王玉华民间借贷纠纷案中，法院认为李秀芳、唐银坤在MFC网站开设投资账户的目的实为买卖MFCClub平台发售的虚拟货币，其转让虚拟货币投资账户的行为不具有合法性，法律依据为《民法总则》第153条第2款，也就是违背公序良俗。[⑦] 上述两个案件中的MFCClub平台是马来西亚MBI资

---

① 参见杨东《监管ICO》，《中国金融》2017年第16期；何隽铭《ICO商业模式的法律性质分析及监管模式优化——基于九国ICO监管现状》，《上海金融》2018年第2期；曾燕妮《首次代币发行融资新模式监管问题研究》，《武汉金融》2018年第3期。

② 邓建鹏：《ICO非法集资问题的法学思考》，《暨南学报》（哲学社会科学版）2018年第8期。

③ 蒋辉宇：《ICO融资行为的挑战：我国非法集资行为刑法规制路径的反思与应然选择》，《财经理论与实践》2019年第2期。

④ 参见王冠《基于区块链技术ICO行为之刑法规制》，《东方法学》2019年第31期；金璐、黄志华《区块链技术下ICO行为的风险研判及刑法规制》，《北京理工大学学报》（社会科学版）2020年第6期。

⑤ 参见山东省济南市中级人民法院（2021）鲁01民终3796号民事判决书。

⑥ 参见广东省深圳市中级人民法院（2020）粤03民终9544号民事判决书。

⑦ 参见四川省乐山市中级人民法院（2019）川11民终801号民事判决书。

产管理集团的虚拟货币发行平台，发行的游戏币为易物币，[①] 该项目随后被曝光属于传销。[②] 在我国刑事司法实践中，已经有法院认定该项目中，会员通过买卖虚拟币“易物点 GRC”盈利，需要通过发展下线为不断涨价的 GRC 接盘，相关参与人被判组织、领导传销活动罪。[③] 由此可见，MFCClub 平台系非法融资项目。因此，笔者认为，投资该虚拟货币的行为应属无效。

此外，还有法院以合同目的违法来否定代币发行融资行为的法律效力。例如，在陈定赏、邬尚渔委托合同纠纷中，陈定赏基于投资 RSK 项目的目的，将比特币转入特定虚拟地址，后比特币丢失。二审法院认为，无论陈定赏是直接将比特币投入 RSK 项目获取代币，还是通过委托邬尚渔的方式将比特币投入 RSK 项目获取代币，均是代币发行融资行为的一个环节，均不具有合法性，由此产生的债务在我国不受法律保护，因投资虚拟货币产生的相应风险及相应后果应由投资者自行承担。[④] 根据这一裁判观点，法院应当重点分析合同的目的，由于代币发行融资是由多个环节组成并具有一定的技术性，其既可以由满足条件的投资人直接将虚拟货币转入特定地址，也可以由投资者通过代理人层层委托方式进行投资，但无论以何种形式，其目的均在于直接或间接参与代币发行融资活动。而鉴于代币发行融资行为在我国现有监管政策下被定性为非法金融活动，因此只要合同的目的在于代币发行融资，那么其就可能被认定为无效。这一观点也得到了其他法院的认同。[⑤]

从民法角度，有学者认为，委托投资 ICO 协议的法律属性与赌债的法律属性相一致，投资人交付委托人的虚拟货币属于不法原因给付，其不受法律保护。[⑥] 这一观点其实是将委托投资 ICO 的行为视为法外之地，以此来解释代币发行融资行为不受法律保护的原因。笔者认为，我国现行法律行政法规并未就代币发行融资行为的法律效力做出明确规定，因此问题的核心仍在于公序良俗条款的适用。

首先，从行为模式上看，不同于区块链交易行为的一对一模式，代币发行

---

① 参见 MFCClub 简介，网址：http：//www. mbivip. com/index. html.

② 时间财经：《起底 MBI 传销集团：创始人为马来西亚国父堂弟　传 200 万中国投资者被骗》，北京时间网（https：//item. btime. com/44hd82q0a4l96m8bq8qq5nl1j73？ page = 1）。

③ 参见湖北省黄冈市中级人民法院（2018）鄂 11 刑终 61 号刑事裁定书。

④ 参见浙江省台州市中级人民法院（2019）浙 10 民终 1587 号民事判决书。

⑤ 参见福建省宁德市中级人民法院（2018）闽 09 民终 1819 号民事判决书。

⑥ 李迎昌、潘喆：《涉虚拟货币纠纷的裁判路径——以委托投资 ICO 纠纷为切入》，《法律适用》2021 年第 9 期。

融资行为是一种典型的一对多行为，加上虚拟货币本身的高流动性和高风险性，使得该行为极易引发系统性金融风险。有学者的研究表明，合同群体之间的联系是系统性金融风险产生的重要原因。① 鉴于代币发行融资行为直接向不特定的社会公众募集资金，在跟风炒作趋势下参与者众多，该行为可能会引发系统性金融风险，破坏金融秩序，危害金融安全。

其次，从监管强度上看，《公告》首次明确了代币发行融资行为的违法性，目的在于保护投资者合法权益，防范化解金融风险，联合发布单位为七个国家部委，在处置措施上以行政管理为主，要求“立即停止”和“清退安排”。而《关于进一步防范和处置虚拟货币交易炒作风险的通知》则将规范目的上升为国家安全和社会稳定高度，联合发布单位增加了最高人民法院、最高人民检察院、公安部和外汇局，共十个国家部委，在防范处置措施上，突出部门联合性和执法全面性，要求“一律严格禁止，坚决依法取缔”，专门规定严厉打击虚拟货币相关非法金融活动和涉虚拟货币犯罪活动。由此可见，我国对代币发行融资行为的监管力度进一步增强，这足以构成我国关于虚拟货币市场的公共秩序。

最后，从规范目的上看，我国逐步强化的虚拟货币监管力度一再表明金融创新的目的不在于投机炒作，而应当服务于实体经济。党的十九大报告将防范化解重大风险作为三大攻坚战的首战。2017 年 7 月，在第五次全国金融工作会议上，习近平总书记指出要以强化金融监管为重点，以防范系统性金融风险为底线。我国《证券法》等相关法律法规明确了股票、债权、基金等金融产品公开募集资金的审批要件，意在加强对公开融资行为的监管和投资者利益保护，而代币发行融资行为显然违反了上述立法精神。笔者赞同当前司法实践的做法，投资者通过委托合同或委托理财合同方式参与代币发行融资活动的行为均属于无效法律行为。

综上所述，代币发行融资行为违背了公序良俗，人民法院应当透过合同的表面形式，探究合同的目的，对于直接或间接从事代币发行融资活动的交易行为，适用《民法典》第 153 条第 2 款否定其法律效力并在裁判文书中进行充分说理。

六　结论

2020 年 5 月 29 日，习近平总书记主持中央政治局第二十次集体学习时，

① 陈醇：《金融系统性风险的合同之源》，《法律科学（西北政法大学学报）》2015 年第 6 期。

对统一法律适用工作提出明确要求。2021 年 12 月 1 日，《最高人民法院统一法律适用工作实施办法》正式实施，旨在统一法律适用标准、规范裁量权行使。这对虚拟货币纠纷的法律适用提供了更明确的指引。但需要指出的是，这是一个复杂的问题，不仅在于其技术性，还在于特定行为的社会影响难以预测，在这个过程中，难免会产生一些相互冲突的判决，成为法律前进的代价。因此，我们应当立足于虚拟货币社会实践，摒弃形式化的法律解释，从个案入手去分析当事人行为的法律效力，避免简单和机械地以监管政策文件为依据做出是非判断。在判断虚拟货币交易的法律效力时，首先，应当对虚拟货币本身和虚拟货币交易行为进行区分，虚拟货币不属于违禁品，其民法属性为网络虚拟财产。其次，虚拟货币交易行为是否有效要看其是否涉及代币发行融资行为、是否涉及虚拟货币交易平台业务、是否涉及以货币方式流通。如果合同目的与上述三种行为直接相关，则应当被认定为无效。区块链交易行为并非会绝对损害国家或社会公共利益，也不必然涉及金融安全等公序良俗，原则上应属合法有效的法律行为。对于其他类型的虚拟货币交易行为，应当视该行为对金融安全、市场秩序、社会公共利益的影响等因素做出综合判断。

Type Distinction and Legal Effect of Virtual Currency Transactions

Qi Aimin　Zhang Zhe

Abstract: A virtual currency transaction is a juridical act in which the seller transfers virtual currency to the buyer and the buyer pays the corresponding consideration. In judicial practice, the legal validity of virtual currency transactions has triggered greater controversy, and the phenomenon of different judgments in the same case has occurred from time to time. Blockchain transaction acts refers to the juridical acts performed by the parties to civil legal relations through blockchain network with the content of transferring virtual currency. Such juridical acts do not directly affect public order and good morals, such as financial security, and they are in principle valid juridical acts. Platform trading acts refers to the juridical acts implemented by the parties to civil legal relations through the centralized virtual currency trading platform with the content of transferring virtual currency. Under the state's explicit denial of market access for virtual currency trading platforms and the strong regulatory trend, it should be invalid. The acts of token issuance and financing refers to the juridical acts of the financing subject issuing virtual currency through blockchain network and subscribed by investors. Such juridical acts are against public order and good morals, and should be invalid.

Key words: Virtual Currency; Legal Validity; Autonomy of Private Law; Public Order and Good Morals

数字人权

乡村数字化治理的法治保障*

张永亮　叶枝芬**

摘　要：乡村治理模式是特定时期政治结构、经济状况和技术进步的反映。传统中国乡村治理经历了“县政绅治”“政社合一”“乡政村治”等模式。在数字化背景下，新兴技术渗透至乡村治理的主体、结构、方式，催生乡村数字治理模式的诞生。乡村数字化治理的推进，亟待法治保障和引领，需要健全个人数据隐私保护的法律规范、构建算法安全的法律规范、建立人机共治机制的法律规范，从而确保乡村数字化治理的有效开展和规范实施。

关键词：数字化；乡村治理；模式；法治保障

引言

21 世纪以来，随着大数据、云计算、人工智能、区块链等数字化技术的兴起、成熟和应用，对人类生产方式、生活方式、社会治理、法制变革等领域产生深远影响。乡村治理作为国家治理体系的基本单元，是实现国家治理体系和治理能力现代化的重要内容，是国家治理模式转型的基础性工作。2019 年 6

* 基金项目：本文系司法部项目“人工智能的法律规制研究”（项目编号：18SFB2049）、浙江省哲学社会科学规划重点项目“监管科技应用之规制体系构建研究”（项目编号：20NDJC15Z）、浙江省属高校基本科研业务费专项资金资助“乡村治理数字化法制体系建设研究”（项目编号：2020TD002）阶段性成果。

** 张永亮：法学博士，浙江农林大学生态文明研究院碳中和研究院教授；叶枝芬：浙江农林大学乡村振兴法治研究所研究员。

月中共中央办公厅、国务院办公厅印发《关于加强和改进乡村治理的指导意见》（以下简称《指导意见》），对加强和改进乡村数字治理，提出在规范村级组织工作事务方面，推广村级基础台账电子化，建立统一的“智慧村庄”综合管理服务平台；[①]《中国数字乡村发展报告（2020年）》（以下简称《发展报告（2020年）》）提出创新乡村治理模式，深化“互联网+政务服务”“互联网+党建”建设，农业农村信息化建设和数字化管理深化发展。[②] 2021年2月中央一号文件《中共中央　国务院关于全面推进乡村振兴加快农业农村现代化的意见》提出实施数字乡村建设发展工程，加强乡村公共服务、社会治理等数字化智能化建设。[③] 与这些顶层设计形成鲜明反差的是，乡村数字化治理还存在着诸如治理主体权责不清晰、技术应用落伍、数据管理失序、基础设施陈旧等问题，亟待法治保障和引领乡村数字化治理的规范发展。基于此，本文探讨传统乡村治理模式及其缺陷，阐述乡村治理数字化转型的必要性和正当性，剖析乡村数字化治理面临的制度困境，提出乡村数字化治理的法治建议。

一　传统乡村治理模式及其缺陷

乡村治理模式是特定历史时期政治结构、经济模式、技术发展的反映。回顾历史，中国乡村治理经历了三种模式，分别是中华人民共和国成立前的“县政绅治”模式、中华人民共和国成立后的“政社合一”模式和改革开放以来的“乡政村治”模式。[④]

（一）中华人民共和国成立前的“县政绅治”模式

所谓“县政绅治”是指在国家治理结构体系中，县级以上的由国家正式权利管理，县级以下的乡村社会由代表国家非正式权力的乡绅治理的乡村治理模式。“乡绅”通常指拥有土地资源和获得国家功名双重权力资源的特殊人

---

① 参见中共中央办公厅国务院办公厅在2019年6月印发的《关于加强和改进乡村治理的指导意见》。

② 参见2020年11月27日发布的中央网信办信息化发展局、农业农村部市场与信息化司指导，农业农村信息化专家咨询委员会编制《中国数字乡村发展报告（2020年）》。

③ 参见2021年2月21日新华社发布的《中共中央　国务院关于全面推进乡村振兴加快农业农村现代化的意见》。

④ 杨述明、马德富：《中国乡村社会治理》，湖北人民出版社2016年版，第27页。

员，包括地主、士绅、宗族族长等地方精英。[①] 基于传统社会发展的滞后、交通闭塞等原因，造成“皇权不下县”的局面。国家正式权力为达到渗透基层社会的目的，建立了一个包括各级官员和各类律法的行政体系。[②] 因此，乡绅阶层在乡村社会便充当了国家代理人和地方利益代表者的角色，在国家权力和乡村社会起到了一个桥梁作用。

通过“县政绅治”模式，封建皇权实现向农村社会的渗透，达到对乡村社会有序治理的目的。一方面，乡绅阶层充当国家代理人。他们与封建皇权有着错综复杂的联系，在乡村代替国家正式官员进行统治。譬如，为国家获得税赋，扩充兵源。另一方面，乡绅阶层充当地方利益的代表者。在农民遭到官方压迫时出面抗衡，维护当地村民利益。譬如，调解民间争端，提供救济。他们控制和管理着乡村社会的一切公共事务，有利于缓解国家与乡村的矛盾，形成一种相对稳固的权力格局。为达到有序治理的目的，在制度规范方面，形成了以乡约、保甲、社学、社仓为一体的一整套乡治系统。[③]

然而，“县政绅治”模式也存在着诸多弊端。封建社会晚期，国家为应对入侵危机，逐渐将国家权力渗透到乡村社会，国家权力的延伸和对乡村社会资源的剥夺在一定程度上导致了乡村社会的衰落，不少乡村绅士退出了乡村社会治理的角色，随之而来的是“劣绅”“豪强”登上历史舞台，掌握了部分基层政权，造成封建社会晚期乡村政权严重蜕变的结果。[④] 到了民国时期，国家对乡村社会资源的控制和剥夺更加严重和全面，这种国家联合地方“劣绅”“豪强”的“县政绅治”治理模式，导致乡村社会陷入了史无前例的困境中。

（二）中华人民共和国成立后的“政社合一”模式

所谓“政社合一”模式是指在“三级所有、队为基础”的组织体系中，国家管控农村社会一切资源分配和事务管理，对村民实行严格的思想禁锢和行为约束。[⑤] 中华人民共和国成立后，国家为了在短期内实现国家工业化的目标，分阶段地推行了土地改革运动、合作化运动和人民公社化运动，借此实现国家行政权力向乡村社会渗透，尤其在人民公社运动时期国家推行的“三级所有，队为基础”政策，国家对乡村社会的政治、经济、文化、社会领域形

---

① 徐勇：《政权下乡：现代国家对乡土社会的整合》，《贵州社会科学》2007年第11期。

② 参见费孝通《中国绅士》，中国社会科学出版社2006年版。

③ 代瑾：《中国传统乡村治理制度变迁及其内在逻辑》，《甘肃行政学院学报》2019年第4期。

④ 王先明：《近代士绅阶层的分化与基层政权的蜕化》，《浙江社会科学》1998年第4期。

⑤ 汪荣：《我国乡村治理模式的历史演进及其发展路径浅探》，《理论月刊》2013年第7期。

成全面控制，体现出“全能主义”的特征。

在国家对乡村全面管控的同时，国家初步构建起一套农民政治权利保障和社会服务体系。其一，设立选举制度，保障农民政治权利。1953年中央人民政府通过了《中华人民共和国全国人民代表大会和地方各级人民代表大会选举法》，赋予年满18周岁中华人民共和国公民选举权，规定乡级人大代表直接由有法定选举权的公民选举产生。其二，提供社会服务，增加农民福利。国家增加农村地区中小学校数量，广泛开展扫盲教育；创建农村合作医疗制度，集体保健医疗站、合作医疗站在全国各地农村陆续建立。

国家对乡村社会实行全面渗透，导致乡村社会发展停滞不前。国家对乡村社会全面渗透指对乡村社会的政治、经济、空间的全面控制。政治控制是以基层党政组织为核心的政权体系对乡村社会全面的渗透，在改变皇权止于县的治理方式时也削弱了传统乡村权威，破坏了以往乡村治理的政治格局。经济控制是在人民公社对乡村社会大部分资源控制的基础上实行农产品统购派购制度和粮食统销的政策，使农产品的生产、交易受到限制，将乡村经济处于“计划”之中。空间控制是国家通过城乡二元分割的户籍制度将农村人口和城镇人口人为地分隔，限制两者的自由流动，并将粮食、教育、医疗以及住房与户籍制度挂钩，造成农民难以进城的局面。①

（三）改革开放以来的“乡政村治”模式

所谓“乡政村治”模式是在乡一级建立乡政府，实行乡镇行政管理；乡镇以下设立村民委员会，实行村民自治。② 改革开放以来，随着市场经济的发展和人民公社制的弊端逐渐显现，国家认识到以国家占主导地位的“政社合一”模式已经不符合时代需求了。为满足中国经济体制改革和政治民主化发展的需要，乡镇政权与村民自治的“乡政村治”模式逐渐形成。

“乡政村治”模式有利于乡村经济发展，推动中国乡村政治进步。1978年之后，国家在全国范围内推行家庭联产承包责任制，恢复了农村的主体身份，保障了村民的经营自主权，调动了农民的生产积极性。2003年，国务院发布了《关于全面推进农村税费改革试点的意见》，逐步废除了农业税收制度，进一步激活了农村经济。政治上为推进国家民主化进程，保障村民的基本权利，创造性地建立村民委员会这一村民自治组织。1982年出台的宪法中明确了村

---

① 丁国胜、王伟强：《现代国家建构视野下乡村建设变迁特征考察》，《城市历史与文化》2014年第10期。

② 徐勇：《县政、乡派、村治：乡村治理的结构性转换》，《江苏社会科学》2002年第2期。

民委员会为基层自治组织的法律地位。

但"乡政村治"模式仍存在着两个方面的弊端，一方面，"两权"矛盾问题。"两权"矛盾指我国农村自治权和乡镇行政权的矛盾。在该模式下，代表国家权力的乡镇行政机关一时难以转变角色定位，时常出现对村委会直接加以管控的情况。① 乡镇政权在行使中习惯性地将工作任务直接分配给各村的村委会，侵犯了农村自治权。另一方面，民主选举与监督问题。民主选举过程中贿选、胁迫选举以及宗族势力干涉等现象的存在，村民的民主选举权流于形式，致使村民难以表达自己真正的意愿。其中最为典型的是贿赂选举，即通过金钱等物质性利益收买村民选票。② 因此，存在腐败的民主选举的情况下，要想实现民主监督的可能性更是微乎其微。譬如，带有形式主义特征的村民民主评议难以实现对村干部违法行为的制约和监督，造成村民的利益无法得到有效保障。

二　数字化时代乡村治理模式之转型

由于缺乏有效的治理工具和手段，我国目前乡村治理仍面临着村民参与不足、基层组织涣散、服务效能不高、治理决策科学性不高、环境建设形势严峻等问题。为解决这一治理困境，云计算、大数据等数字技术在实现乡村治理现代化和精细化方面得到了广泛的应用。尤其近年来，世界多个国家都正在积极探索乡村数字化治理。譬如，日本在2016年提出了社会治理5.0战略，旨在通过智能化技术解决偏远地区交通、医疗等难题，实现日本乡村数字化治理的目的；印度于2015年7月启动了"数字印度"计划，实现了印度25万个村庄接入宽带，推动农村地区移动网络的普及，为印度乡村数字化治理提供了基础设施。

（一）乡村数字化治理的要义

一般人认为，乡村数字化治理是在完善乡村新一代信息基础设施和技术规则基础上，充分利用物联网、云计算、大数据、人工智能等数字技术实现乡村治理主体、治理过程、治理内容等治理要素数字化的过程，推进乡村数字经济

① 陈晓运、张文杰：《新时代乡村有效治理：目标定位、传统模式与路径建构》，《岭南学刊》2019年第1期。

② 王圣诵：《中国乡村自治问题研究》，人民出版社2009年版，第87页。

社会建设与实现数字化美好生活的新型智慧治理活动，其内涵主要表现在如下四个方面。[①]

1. 治理主体的协同性：从党政主导转为协同治理

乡村治理中数字化技术的介入，打破行政壁垒和数据壁垒，形成多元协同治理格局。一方面，整合县乡政府的行政资源，以及教育、医疗、就业、交通等公共数据资源，搭建乡村治理数字化平台，实现公共数据在政府各部门各层级、政府与企业、政府与村民之间开放共享。另一方面，提高社会组织、企事业单位等主体参与乡村治理的意识，利用数字化技术充分保障村民的知情权、参与权、表达权、监督权的充分行使，促使多元主体共同参与乡村公共事务，形成多元协同治理格局。

2. 政府决策的科学性：从基于经验转为基于数据

乡村治理中数字化技术的介入，政府决策从基于经验向基于数据转变。一方面，数字化技术可实现数据收集的全面性。数字化技术实现了村民的基本身份信息、农村教育、养老保障、医疗保障、农业资源等与村民生产生活密切相关信息的系统收集，避免了政府决策中出现的数据不全面等问题，为政府决策提供数据支撑；另一方面，云计算技术可实现数据分析的高效性。云计算技术如同人的大脑能够对收集的数据挖掘、过滤、筛选，进行相关性分析并产生预测信息，进而判断乡村公共事务背后的客观规律，[②] 为政府决策提供技术支撑。

3. 问题应对的有效性：从被动处置转为主动预测

乡村治理中数字化技术的介入，乡村治理从被动的事后处置转为主动的事前预防和事中处理。一方面，基层政府利用数字化技术，将汇集到数字化平台的数据进行深入分析，及时掌握村民的真实需求，为村民提供专业化和个性化的服务，从源头抑制矛盾纠纷的产生。另一方面，利用数字化技术提前发现乡村治理中存在的问题和隐患以及未来可能出现的治理风险，提前制定应对方案，事中联合多元主体共同应对，将损害程度降至最低。[③]

4. 政务服务的精准性：从精细管理转为精准服务

乡村治理中数字化技术的介入，将政务服务从政府内部的精细化管理转为

---

① 冯献等：《乡村治理数字化：现状、需求与对策研究》，《电子政务》2020年第6期。

② 本清松、彭小兵：《人工智能应用嵌入政府治理：实践、机制与风险架构——以杭州城市大脑为例》，《甘肃行政学院学报》2020年第3期。

③ 赵敬丹、李志明：《从基于经验到基于数据——大数据时代乡村治理的现代化转型》，《国家行政学院学报》2020年第1期。

外部的精准化服务。一方面，借助数据分析手段，实现向村民提供精准服务的目标。另一方面，借助数字化技术，实现对特定乡村事务精准治理的目标。例如，在精准扶贫方面，有些地方开始利用数字化技术建立扶贫动态数据库，实现精准帮扶、精准管理、精准考核和精准扶贫。

（二）乡村数字化治理的价值意蕴

数字化时代，数字资源已然成为基础性战略资源，数字技术在为城镇化发展发挥重要作用的同时也进入乡村治理领域，形成乡村数字化治理模式。乡村数字化治理将数字化技术与乡村治理主体、治理过程、治理内容相融合，推动乡村数字经济社会建设，为乡村振兴注入强大动力。①

1. 乡村数字化治理满足人民群众对美好生活向往的内在需求

乡村数字化治理通过数字技术，整合县乡政府的行政资源和教育、医疗、就业、交通等公共资源，推进搭建乡村治理数字化平台，为村民提供便捷高效的生产生活服务。在提高村民获取、应用数字化技术的能力同时，创新农产品“种产销一体化”模式，满足城镇居民对优质安全农产品和生态产品的需求。

2. 乡村数字化治理是构建多元协同乡村治理结构的创新方式

数字技术的运用和数据开放共享的特性，打破了原来政府各部门间、政府与市场间、政府与村民的“信息孤岛”局面，村民可以利用手机软件、微信公众号等方式及时便利地获取所需信息，村民也能将需求反映到乡村数字化治理平台。通过各种数字化技术，传统的政府主导的乡村治理模式正在被打破，多元协同乡村治理结构逐渐形成。②

3. 乡村数字化治理是实现乡村振兴的关键环节

数字化治理是实现农村数字基础设施、智慧农业、乡村公共服务的数字化智能化的过程。数字基础设施的不断完善，各类信息终端、技术产品、App 的接连推出为乡村产业振兴提供了更多可能性。通过数字化技术对农村的农业、工业、服务业进行全方位的改造，推动土地劳动力等传统要素发挥新作用，形成农村发展的新模式、新业态、新供给，持续为乡村振兴注入强大动力。

---

① 彭超：《数字乡村战略推进的逻辑》，《人民论坛》2019 年第 33 期。

② 王林霞、魏磊：《大数据嵌入乡村治理的路径建构》，《云南行政学院学报》2020 年第 5 期。

三　乡村数字化治理的制度掣肘

随着数字化技术运用于乡村治理，出现了一系列法律问题，如个人数据隐私保护、算法歧视风险、公权力的智能行使等，但作为上层建筑的法律制度尚未跟上实践的步伐，乡村数字化治理中存在着诸多的制度空白。

（一）个人数据隐私保护缺乏

当前个人数据保护立法不完善造成个人隐私保护力度不足。一方面，在数据采集方面未形成一套系统的法律规范体系。乡村数字化治理区别于以往乡村治理模式的数据采集方式，实现使用数字化技术如智能感知技术自动将乡村治理要素标准化与数字化，[①] 转化为乡村治理中使用的智能机器可识别的数据。智能感知技术指的是使用人工智能模仿人的大脑对外部的信息进行采集、融合、分析、筛选，实现自我诊断、自我识别与自适应决策功能。[②] 例如，人脸识别技术，我们通过人脸识别技术将“人脸”数据化，间接实现“人”的数据化。在乡村治理中，基层政府、企事业单位等主体利用智能感知技术大规模地采集村民生产、生活信息，但我国对数据采集尚未形成一套系统的法律规范体系，利用智能感知技术的智能采集更是缺乏法律依据。但目前只在乡村治理的部分领域实现利用智能感知技术采集数据，大部分领域则实行的是以网格员为主力的基础数据采集方式。近年来，在基层治理中出现“基层治理+网格化管理”模式，在网格化管理中网格员肩负起数据采集的职责，形成一种以网格员为主体的数据采集机制，充分实现了数据采集的全面性，但网格员与网格化管理制度同样缺乏充实的法律基础。[③] 因此，以网格化为主体的数据采集机制同样缺乏法律依据，在数据的采集过程因过度采集、采集不规范等问题侵犯个人的隐私权。

另一方面，数据开放共享缺乏法律依据。乡村数字化治理以实现共建共享

---

① “乡村治理要素”指具体的乡村治理行为所包含的基本元素。参见周汉华、刘灿华《社会治理智能化的法治路径》，《法学杂志》2020年第9期。

② 王继业、蒲天骄：《能源互联网智能感知技术框架与应用布局》，《电力信息与通信技术》2020年第4期。

③ 阳盛益、周超玥：《基于网格化的城乡一体化社会治理平台创新与应用》，《治理研究》2015年第6期。

共治基层社会治理新格局为目标，其“共享”的关键是数据的开放共享，实现数据在政府各部门、各层级、政企、政府与公民之间的开放共享。通过数据的开放共享，形成大数据，大数据在县政府联合科技企业建立的乡村治理数字化平台汇聚，通过云计算技术分析得出各种有效信息，[①] 运用于乡村治理的各种领域，但实践中数据的开放共享缺乏法律依据，极有可能侵害个人的隐私权。

（二）算法歧视风险

大数据、人工智能等数字技术应用参与乡村数字化治理，算法是关键。2018年4月16日英国议会下属的人工智能特别委员会发布《英国人工智能发展的计划、能力与志向》报告中将算法定义为“指用计算机时执行计算或解决问题的一系列指令，它们构成了计算机可以执行的所有事情的基础，因此是所有人工智能系统的基本方面”。而算法歧视指的是人工智能算法在收集、分类、生成和解释数据时会产生与人类相同的偏见与歧视，如年龄歧视、性别歧视、消费歧视、就业歧视、种族歧视、弱势群体歧视等现象。[②] 乡村数字化治理中就业、教育、各项补贴、公共安全等领域与算法决策产生联系，尤其是公共安全领域中的公共安全算法决策所产生的算法歧视可能会造成无法弥补的实际损害。同时算法歧视也会对人权造成影响，如平等权、隐私权。[③]

算法歧视风险由利益驱使的人为因素和数据的偏差、算法自身的专业性、不透明性引起。第一，利益驱使的人为因素。乡村数字化治理中基层政府决策的高效率和科学性，依靠的是精确的算法，一定程度上避免了人类决策的效率低下和不公正。但算法最初的研发由互联网公司完成，公司在研发时，考虑更多的是如何使经济效益最大化，往往为了降低成本以及增加收益，将算法的运行以效率为导向。同样，代码是由程序员录入，在录入时是否会带有程序员的主观性是值得我们怀疑的。第二，数据录入中的数据偏差。算法以数据为基础，若输入的数据有偏差，则输出的结果可能也并不是公正的。若算法是从有偏见的人群样本收集数据进行输入，数据本身的歧视性和不具代表性，导致算法输

---

① “云计算”指利用高速的网络技术的运输功能，将处理完成的数据从个人的计算机或者企业的终端服务器中转移到“云”端上进行储存。参见刘彪《“云计算”和大数据在“互联网+”时代的应用》，《电子技术与软件工程》2020年第12期。

② 汪怀君、汝绪华：《人工智能算法歧视及其治理》，《科学技术哲学研究》2020年第2期。

③ 杨学科：《论智能互联网时代的算法歧视治理与算法公正》，《山东科技大学学报》（社会科学版）2019年第4期。

出的结果的歧视性。第三，算法黑箱的不透明性。“黑箱”在信息技术领域指的是专业人员也无法了解或查看测试中的计算系统内部运转情况。算法黑箱指的是算法在黑箱中进行自动化的数据处理、评估和行为分析，进而根据不同情况做出针对不同场景的决策，但我们人类无法知道它是如何进行操作的。算法黑箱的不透明性导致算法处于一种无人可知的隐秘状态，对其监管也无处下手。①

(三) 人机共治下公权力扩张风险

大量数字技术的应用，乡村数字化治理形成人机共治机制。人机共治，是指数字技术与人类在社会治理中实现交融式共同治理。在乡村治理中，人机共治主要体现为数字技术可以在数据采集、事件流转、科学预测和精准研判、应急指挥等工作被治理人员熟练运用。

人机共治的法律风险来源于公权力的扩张。人机共治机制的形成对乡村治理无疑是一项新事物，在未来发展中充满了不确定性。如在公权力创新方面，极有可能是公权力扩张型创新。乡村治理即是公权力行使的过程，数字技术在该领域的应用，将技术从原来的经济领域扩张到政治领域，易成为国家控制社会和实现政治权力再生的手段，使公权力突破人的能力限制，扩大公权力的影响范围，其影响范围在理论上是可以无限扩大的。因此，我们必须保持足够的警惕，防止公权力的无限扩大。对此，我们需要对人机共治机制的发展必须发挥法治的保障、推动、引领作用。因为一部人类法律发展史就是规范公权、保护私权的权利边界扩张史，就是人类不断开拓新边疆的创新创造史。②

四　乡村数字化治理的法治路径

2021 年《中共中央关于制定国民经济和社会发展第十四个五年规划和二〇三五年远景目标的建议》中提出：“加强数字社会、数字政府建设，提升公共服务、社会治理等数字化智能化水平。建立数据资源产权、安全保护等基础制度和标准规范。”③ 此举意味着提升乡村数字化治理的数字化智能化水平

① 崔靖梓：《算法歧视挑战下平等权保护的危机与应对》，《法律科学（西北政法大学学报）》2019 年第 37 期。

② 周汉华：《网络法治的强度、灰度与维度》，《法制与社会发展》2019 年第 6 期。

③ 参见 2020 年 10 月 29 日中国共产党第十九届中央委员会第五次全体会议通过的《中共中央关于制定国民经济和社会发展第十四个五年规划和二〇三五年远景目标的建议》。

需要法治的引导和保障。具体而言，在推动乡村数字化治理的过程中亟待完善个人数据隐私保护、算法安全、人机共治机制等方面法律规范的建设。

（一）健全个人数据隐私保护的法律规范

目前我国个人数据隐私立法过于分散和原则性，难以满足实践需求，亟须建立健全个人数据隐私相关法律法规和制度规范，为乡村数字化治理提供法治保障。

1. 制定数据采集规则

数据采集规则从数据采集内容、数据采集方法、数据采集流程和数据采集安全要求等方面加以规定。其一，数据采集内容规则。公共数据的范围应当加以限定，在正常情况下不得超出公共管理和服务需要采集数据。基层行政部门和相关单位应制定统一的数据采集目录，数据采集部门严格按照统一的数据采集目录进行采集。其二，数据采集方法规则。可以采用人工手动采集，通过人工手动录入、介质拷贝、表格导入等公共录入方式获得数据，另外可以通过智能感知技术，采用软件系统对接和硬性设备对接的方法。软件系统对接：采用软件对接形式实现和目标系统对接，并实现信息交互采集。硬件设备对接：采用人脸识别等视图感知设备和非视图感知设备实现视频、图片、记录数据采集。其三，数据收集流程规则。以手动采集为例，流程应该包括开始、确认采集内容、确认采集格式、现场数据采集、数据录入、数据核查、数据入库，结束。其四，数据采集安全要求规则。在数据采集的全过程，一方面，应建立数据安全管理制度、应急事件处理机制、审查监督机制；另一方面，使用数据安全相关技术保障数据采集过程的安全，如数据安全监测、安全审计、数字签名、数据加密等技术或手段。①

2. 制定数据开放共享规则

数据开放共享规则从公共数据分类管理、部门之间的数据共享、公私主体互相开放数据等方面加以规定。② 其一，公共数据分类管理规则。③ 首先应明确数据保密的等级与范围，在此基础上公共数据主管部门应当对拟开放的涉密

---

① 参见安徽省安全技术防范行业协会发布的安徽省地方标准《智慧社区公共安全建设规范》（征求意见稿）。

② 周汉华、刘灿华：《社会治理智能化的法治路径》，《法学杂志》2020年第9期。

③ “公共数据”指各级行政机关以及具有公共管理和服务职能的事业单位，在依法履行职责过程中获得的各类数据资源。参见2020年6月4日浙江省人民政府公布的《浙江省公共数据开放与安全管理暂行办法》。

数据、敏感数据进行脱密、脱敏处理，防止泄露国家秘密、商业秘密、个人信息和隐私；[①] 其次数据具有时效性特征，因此需建立公共数据开放范围的动态调整机制以满足个人、企业等私主体对获取相关数据的需求。例如，《浙江省公共数据开放与安全管理暂行办法》将公共数据开放属性分为禁止开放类、受限开放类、无条件开放类，并确定了公共数据重点和优先开放的具体范围。其二，部门之间的数据共享规则。制定政府各部门之间统一的数据管理要求、数据标准、技术标准，打破部门之间数据共享的困境；推动建立跨层级、跨部门的乡村治理数字化平台，实现不同部门共享的数据在数字化平台汇聚和整合。其三，公私主体互相开放共享数据规则。在公共数据开放共享范围尚未明晰的情况下，公私主体互相开放共享数据更是盘根错节，应加以详细规定。就公共数据开放而言，公共数据主管部门在制定公共数据开放评估、审查的具体规定的基础上，制定公共数据开放目录；公共数据主管部门应当在公共数据平台开放数据，不得新建独立的开放渠道。私主体数据尤其是企业数据向政府开放而言，既要遵守公共数据收集的基本原则，也要保护客户个人数据隐私安全，通常情况下不得将提供服务过程中获取的个人隐私信息提供给政府。

（二）构建算法安全的法律规范

乡村数字化治理中，政府决策将不可避免地使用算法决策系统，但由于利益驱使的人为因素和算法自身的缺陷使算法歧视防不胜防。因此，亟须建立算法设计、运行机制等与算法安全有关的规范体系。

1. 构建以维护人类尊严、公民权利和社会公正为底线的算法设计和运行机制

由互联网公司研发的算法运行机制不可避免以效率和盈利为导向做出决策，但政府决策过程更多考虑的是社会稳定和公正的因素，为解决乡村数字化治理中政府使用算法决策的矛盾冲突问题。为此，我们要以维护人类尊严、公民权利和社会公正为底线，要求互联网企业构建合理透明度的算法设计和运行机制，将维护人类安全和社会公正等准则写入算法代码中，实现代码就是算法社会的“法律”作用，[②] 弥补本应当依靠法律对算法黑箱的预期

① 参见贵州省第十三届人民代表大会常务委员会第十九次会议表决通过的于2020年12月1日起施行的《贵州省政府数据共享开放条例》。

② ［美］劳伦斯·莱斯格：《代码2.0：网络空间中的法律》，李旭、沈伟伟译，清华大学出版社2009年版，第16页。

监管作用。

2. 算法安全的法律规制可以从算法合理透明度原则、算法解释权、算法问责制度三个角度展开[①]

第一，算法合理透明度原则。保障算法合理透明度原则应包括应用程序的披露、运算逻辑的描述、算法结构和用于训练的数据集的可访问性，主要有两种手段：一种是公开算法逻辑。公布算法逻辑包括提供关于输入数据类型和预期输出信息、解释变量及其权重或者阐明分析架构等。另一种是提高算法的可解释性。[②] 在提高算法的可解释性主要有四种方法：预建模的解释、建模后的解释、全局解释、局部解释。在使用过程中可以根据具体情况灵活运用或者综合运用；[③] 譬如，美国纽约市在 2017 年 12 月通过了第一部解决算法歧视的法案——《算法问责法案》，该法案试图解决算法的公正性、透明性问题[④]。第二，算法解释权。保障相对人的算法解释权可以弥补传统权利体系应对数字化技术发展的不足。算法安全的法律规制应赋予相对人算法解释权，[⑤] 其中包括使相对人了解算法决策系统的规则和因素，并有权要求算法开发者对决策系统进行修正和更新数据的权利，最终实现数据开发者与相对人的实质平等。譬如，2018 年 5 月 25 日生效的欧盟《通用数据保护条例》，其背景引言第 71 条规定了数据主体有权获取算法决策的解释，赋予了民事主体算法解释权。[⑥] 第三，算法问责制度。建立算法问责制度应明确算法问责的主体和明晰算法问责的标准。[⑦]

---

① 杨蓉：《从信息安全、数据安全到算法安全——总体国家安全观视角下的网络法律治理》，《法学评论》2021 年第 1 期。

② 张建文、潘林青：《人工智能法律治理的“修昔底德困局”及其破解》，《科技与法律》2019 年第 5 期。

③ 刘东亮：《技术性正当程序：人工智能时代程序法和算法的双重变奏》，《比较法研究》2020 年第 5 期。

④ 参见纽约市的《算法问责法案》。

⑤ “相对人”指受到算法自动化决策不利决策的人。参见张凌寒《商业自动化决策的算法解释权研究》，《法律科学（西北政法大学学报）》2018 年第 3 期。

⑥ 《通用数据保护条例》背景引言 71 条表述如下：In any case, such processing should be subject to suitable safeguards, which should include specific information to the data subject and the right to obtain human intervention, to express his or her point of view, to obtain an explanation of the decision reached after such assessment and to challenge the decision.

⑦ 张凌寒：《算法权力的兴起、异化及法律规制》，《法商研究》2019 年第 4 期。

（三）按照“比例原则”建立人机共治法律规范

根据历史经验，法治与社会发展从来都是相辅相成的。数字化技术的应用，为人机共治的实现提供了契机，但是，为防范公权力在智能行使中挣脱出“制度的笼子”，必须构建人机共治的法律规范。

构建人机共治规则应坚持“比例原则”。所谓“比例原则”是指用于衡量行政主体实施行政行为的手段和目的的关系，审查公权力的行使是否符合宪法的精神，公权力对公民私生活的干预是否适度、是否合乎公正目的，它是宪法和行政法领域的重要法律原则。在乡村数字化治理过程中必然需要人机共治机制，但它有可能造成公权力在智能化行使过程中无限扩大的风险。一方面，公权力的智能化行使，有助于提升政府决策的科学性、问题应对的有效性和政务服务的精准性；另一方面，公权力有可能会过早和过度地介入公民的私生活，触犯宪法“比例原则”中的“均衡性原则”。[①] 因此，为防范公权力的过度扩张，应遵照“比例原则”划定人机共治机制的边界。以乡村数字化治理中实施的“雪亮工程”为例，[②] 它可以有效弥补传统的治安防控措施的不足，维护乡村社会稳定，解决群众安全感满意度“最后一公里”的问题。但是，实践中存在于乡村公共区域无差别全方位地安装监控摄像头的现象。此种做法极易造成在保障村民安全的同时侵害公民的私生活秘密权、限制公民的私生活决定权、[③] 妨碍公民的私生活安宁权。[④] 因此“雪亮工程”的建设应坚持人机共治机制下的“比例原则”，针对不同公共区域、结合需求等级，制定智能装备不同设计要求、使用标准和调用权限，实行分类建设、分类管理与分权调用机制。[⑤]

---

① “均衡性原则”指行政主体实施行为的手段需使增进的公共利益与造成的损害成比例。参见刘权《目的正当性与比例原则的重构》，《中国法学》2014 年第 4 期。

② “雪亮工程”指以县、乡、村三级综治中心为指挥平台、以综治信息化为支撑、以网格化管理为基础、以公共安全视频监控联网应用为重点的“群众性治安防控工程”。参见 2018 年 1 月 2 日中共中央、国务院发布的《中共中央国务院关于实施乡村振兴战略的意见》。

③ “私生活决定权”指公民能够按照自己的意志从事或不从事某种与公共利益无关的活动，不受他人的干涉或支配的权利，属民法隐私权的范畴，也属宪法人身自由权的范围。参见王利明《中国民法典学者建议稿及立法理由——人格权编、婚姻家庭编、继承编》，法律出版社 2005 年版。

④ “私生活安宁权”指公民享有的保持其生活平静和安宁、排斥他人对其正常生活进行骚扰的权利。参见王利明《中国民法典学者建议稿及立法理由——人格权编、婚姻家庭编、继承编》，法律出版社 2005 年版。

⑤ 刘灿华：《社会治理智能化：实践创新与路径优化》，《电子政务》2021 年第 3 期。

五 结语

全面深化改革的背景下，数字化技术在政治、经济、社会、法治建设中发挥越来越显著的作用，并成为推动经济社会全面协调持续发展的创新手段。数字化技术驱动社会发展，不仅要创新各项治理制度，而且要在保护公民基本权利、满足人民群众对美好生活的内在需求上发挥积极的作用。作为解决社会创新发展中出现的纷繁复杂的问题的法律制度，应当充分回应乡村数字化治理中个人数据隐私保护缺乏、算法歧视风险、人机共治下公权力扩张风险这三个面向，建立和完善个人数据隐私保护、算法安全、人机共治机制的法律制度，为乡村治理中数字化技术的应用提供有力的法治保障。在完善乡村数字化治理法制的过程中，需要妥善协调好数字化技术推动创新发展和技术固有弊端之间的关系，既需要确保数字化技术提升乡村治理能力，又需要保障公民权益、规范公权力的行使。

Legal Guarantee of Rural Digital Governance

Zhang Yongliang Ye Zhifen

Abstract: Rural governance model is the reflection of political structure, economic situation and technological progress in a specific period. In the context of digitalization, emerging technologies have penetrated into the main body, structure and way of rural governance, resulting in the birth of rural digital governance model. The promotion of rural digital governance urgently needs to be guaranteed and guided by the rule of law. It is necessary to improve the legal norms of personal data privacy protection, construct legal norms of algorithm security, and establish legal norms of man-machine co-governance mechanism, so as to ensure the effective development and standardized implementation of rural digital governance.

Key words: Digitization; Rural Governance; Model; Rule of Law Guarantee

“延伸”或是“截除”？数字媒介对弱势群体的发展权影响研究

檀晓涓*

摘　要：发展权作为基本人权正在面临数字生态的冲击，数字技术的发展和数字应用生态的成型带来一种全新的社会交往结构，并对社会个体进行数字化改造，形成新的发展权内容。数字媒介的广泛使用使其成为数字个体的身体延伸和外在器官，同时高度依赖外在媒介设备的数字化世界将对数字设备、数字信息使用和掌控的能力变为数字生存的核心能力，个体无法实现数字化转型会影响其社会化发展，在身体“退化”中形成对个体发展权的侵害。技术作为双刃剑对发展权的影响贯穿发展过程的参与、促进和享受的全过程。需要在数字生态中利用数字媒介技术实现人的社会生存和发展，完成对社会个体数字发展权的保障需求。从数字弱势群体的发展权保障出发，能够更好地透视数字社会的权利要求变更，也是数字人权研究的新视角。

关键词：发展权；数字人权；数字媒介；弱势群体

一　发展权的数字背景与权利要求

（一）数字人权和发展权

随着数字生态持续蔓延和扩展，数字生活成为重要社会生活背景。对数字发展的需要成为数字时代个体对“幸福生活”追求、促进和保障的前提。由此引来“以‘美好生活权’或‘幸福生活权’为统领的新一代人权。历代人权之间不是覆盖性关系，更不是否定性关系，而是递进拓展性关系、转型升级

---

* 檀晓涓：西北政法大学新闻传播学院硕士研究生。

性关系，四代人权共同构成新时代的人权体系。人民幸福生活是最大的人权”。[①] 数字人权的发展建立在对前三代人权的继承和拓展上，基于社会转型背景、立足弱势主体保护的发展权在数字背景下成为数字人权的组成部分，数字背景下的发展权以及其权利要求也成为对发展权概念的数字拓展和延伸。

数字人权和发展权都以人的发展和权利作为衡量尺度和价值标准。“就发展权的实质而言，提高人类的生活质量是实现发展权的首要目标。”[②] 发展权要求“立足于‘人’，奉‘以人为本’为根本价值目标，以每个具体的人的全面发展为基础，旨在实现所有人全面持续的发展自由权利。”[③] 数字人权则在技术基础上进一步强调人的价值。“要在价值上申言数字科技必须以人为本，必须把人的权利及尊严作为其最高目的，并以人权作为其根本的划界尺度和评价标准。”[④] 发展权更加强调社会转型过程中社会弱势群体的权利保障问题。发展权的主体是普遍的，它强调国内弱势群体与国际社会不发达国家的发展权。[⑤] 结合数字人权对数字弱势群体利用技术进行发展的权利要求，发展权拓展的是数字人权保障的持续性和扶助问题。

从权利行使看，发展权是主体参与、促进和享受发展的统一。数字人权中的发展权是结合数字趋势实现个体发展的权利。发展权是“人的个体和人的集合体参与、促进并享受其相互之间在不同时空限度内得以协调、均衡、持续地发展的一项基本人权。”[⑥] 学界主要观点认为，发展权需要参与、促进、享受三行为耦合共存。“参与发展是低层次的行为方式，表现为获得发展权所必需的参与度的最小极限值，是指人们作为或不作为或者要求他人作为或不作为的权利行使过程中的参与权或者请求权。第二层次的行为方式，是指主体本着积极主动的行为态度，制定国际国内的发展对策，以种种方法争取更多的发展机会和实施发展方案的行为。享受发展则是最高层次的行为方式，它不仅是行为过程的连续状态，而且是行为本身的完结和终止，指权利主体对权利的实在内容的占有和消费。”[⑦] 数字化生存、终端化生存成为未来生活的必然场景。这种数字变化一方面使部分传统意义上的社会弱势群体得以参与、促进、享受

① 张文显：《“无数字　不人权”》，《北京日报》2019年9月2日第15版。

② 朱炎生：《发展权概念探析》，《政治学研究》2001年第3期。

③ 汪习根：《发展权含义的法哲学分析》，《现代法学》2004年第6期。

④ 张文显：《“无数字　不人权”》，《北京日报》2019年9月2日第15版。

⑤ 汪习根、涂少彬：《发展权的后现代法学解读》，《法制与社会发展》2005年第6期。

⑥ 汪习根、涂少彬：《发展权的后现代法学解读》，《法制与社会发展》2005年第6期。

⑦ 汪习根：《发展权法理探析》，《法学研究》1999年第4期。

社会发展的福利，但是另一方面与这种社会生活不相适应，无法参与、促进、享受这种数字变化的群体成为新的数字弱势群体，由此产生了数字背景下发展权的发展和保障问题。数字背景中的发展权基于对弱势群体数字鸿沟的关切和其他新的社会关系变化，帮助其实现适应数字发展。

（二）数字生存和发展权

“拥有平等的发展机会，共享发展成果，使每个人都得到全面发展，实现充分的发展权，是人类社会的理想追求。”① 而在数字时代，数字发展成为更为迫切的社会需求和人权发展趋势。“十四五”规划指出：“迎接数字时代，激活数据要素潜能，推进网络强国建设，加快建设数字经济、数字社会、数字政府，以数字化转型整体驱动生产方式、生活方式和治理方式变革。”② 数字化发展将对每个社会个体的生活产生重要影响，数字化生存将成为智能社会的必然发展趋势和社会发展的未来。无法实现数字化生存的群体涉及了智能社会转型过程中最基本的权利，这种数字生存的问题可以视作数字背景中的发展权问题。换句话讲，数字生存更大程度上展现一种发展的需要，是个体的发展权。数字生存是一种社会性生存，是数字社会发展的要求，也是基于技术发展的人的发展需要。“中国高度重视妇女、儿童、老人和残疾人等群体中特殊困难人员的生存和发展，采取特殊政策，加大帮扶力度，特殊困难群体的福利水平持续提高，生存权利充分保障，发展机会明显增多。”③ 在生存权保障下，技术带来的社会发展促使人的数字生存需要，即数字发展的趋势。

从生存和发展得到关系来看，“生存权保护的本源性权域指最低生活水准权具体包括生命体的维护、有尊严的生活和安全的生活。派生性权域指的就是生存请求权”。④ “发展权是把人与社会联系在一起的纽带和后盾之一，是处理主体相互之间各种错综复杂关系的重要标准。让渡发展权，个人将因没有发展实力而丧失进入社会的资格。从法律渊源看，发展权的基础被看成生存权的结果。没有发展的生存必然因缺乏进化的活力而萎缩。发展权实现于人的社会、离不开人的本质；人的本质又离不开人的生存与发展。人只有获得

① 中华人民共和国国务院新闻办公室：《发展权：中国的理念、实践与贡献》，人民出版社2016年版。

② 中华人民共和国国务院新闻办公室：《中华人民共和国国民经济和社会发展第十四个五年规划和二〇三五年远景目标纲要》，人民出版社2021年版。

③ 中华人民共和国国务院新闻办公室：《人类减贫的中国实践》，人民出版社2021年版。

④ 汪进元：《论生存权的保护领域和实现途径》，《法学评论》2010年第5期。

这种权利，才能摆脱与其他动物合为一体的状态，而成为社会上的、法律上的人。”[①] 与生存权偏向物质生存的表述相区别，数字生存更多的展现的是一种发展状态而非物质生存中的诸多物质请求权利，是一种对现实个体能力和社会人性化程度发展的需要，数字生存的依托是一种生存权得到保证的既有状态。只有生存权获得一定程度的保障，才有足够的物质资源实现数字世界的接入和生存。

（三）数字媒介和发展权

当前发展的困境在于数字生态的快速生长和个体与数字生态发展状况并不匹配的困境。“发展的障碍正是在人类活动与活动的对象、劳动过程与劳动成果、生命活动与精神活动之间，人为地安插进的以极不合理分工为核心的社会力量（而非自然力量，相反，自然力量提供了它们结合的基础）——极度扭曲的社会关系。要获得发展，就必须对这种给人的发展以否定的社会关系进行否定之否定。发展权不是天赋的，而是历史地产生的，是对建立在一定生产力发展水平上的现实社会关系的调整，是人的本质的全面反映。这是马克思主义的基本观点在人权问题上的反映。”[②] 在数字时代，生产力的提升改变了既有的社会关系，高速发展的媒介技术强势进入社会生活轨道，这种网络的对社会生活的巨大改造使微观个体的社会角色随之改变。从互联网+开始，媒介成为一种“社会的操作系统”。[③] 技术在与物质空间相连接中，使包括健康码，人脸识别在内的人和智能设备的连接和互动使其“超越互联网，跨入社会全民范畴，形成‘人—机—环境’三者实时联动的社会微系统”。[④] 更随着数字生存的深入，使网络形成“一个肌理健全、社会角色完整、生态完整的虚拟网络社会，其自身社会组织脉络与运行机制日益成熟”。[⑤] 媒介不仅成为一种传播介质，而成为一种传播环境，成为数字生存的“空气”。这种数字生态使数字媒介将媒介的作用从“影响社会”变为“成为社会”。人与媒介的关系随之发生巨大改变。数字媒介在与现实物理世界的交互和联动中为数字个体建构了

---

① 汪习根：《发展权法理探析》，《法学研究》1999年第4期。

② 汪习根：《发展权法理探析》，《法学研究》1999年第4期。

③ 喻国明：《互联网是高维媒介：一种社会传播构造的全新范式——关于现阶段传媒发展若干理论与实践问题的辨正》，《编辑学刊》2015年第4期。

④ 方兴东、严峰：《“健康码”与正在浮现中的智能传播新格局》，《未来传播》2020年第5期。

⑤ 吕欣、许倩：《万物互联与人机共生——新冠肺炎疫情期间的网络传播实践与思考》，《传媒》2021年第4期。

一种双重空间属性的数字生态。人在这种异质空间的生活中产生新的发展方向。"人类凭借信息技术第一次走出了'上帝'划定的场域，开始了物理/电子（现实/虚拟）的双重空间生活，人们的角色身份、社会关系、交往行为、甚至言语交流，不再仅仅是千百年来惯常的生物性展开，而是越来越多以信息化、数字化方式来构造和呈现。"① 新的社会关系带来新的发展需求，这对发展权提出了新的要求，进入和适应数字生态成为最新的发展权内容。

数字媒介的人性化趋势和非自然的特性决定其对数字背景下发展权保障的双重性。一方面，"弱势群体参与社会发展，享有社会发展权利的诉求"。② 数字媒介的发展成为一种身体器官的延伸，实现对弱势个体的扶助，使其能够参与发展过程、促进自身发展、享受发展成果；另一方面，还有部分个体出于种种原因无法参与数字发展，并在普罗米修斯的羞愧中实现对技术的过分依赖，又在"麻木性自恋"中盲目自信，不仅无法实现个体的发展的促进，反而带来对个体的身体截除和退化。还由于技术权力的极速扩张，发展成果的享有更带来一系列新的发展问题，被迫权利和资源让渡的个体在社会的数字发展中无法参与享受发展成果，成为新的数字弱势群体。这也要求需要调整现有的社会生产关系，对给人的发展以否定和阻碍的技术进行否定之否定，使技术真正实现对个体发展的促进作用。

二　身体延伸：弱势群体数字发展权的技术救济

社会经济的发展带来技术广泛使用的可能，也由此使技术成为弱势群体发展权实现的保障。在数字背景和技术支持下，弱势群体参与、促进、享受数字发展过程与成果，实现对弱势群体发展能力和权利的技术救济。

（一）话语参与延伸权利内容

"发展权的核心内容是个人能力的充分开发与个性的自由发展，平等参与发展和分享发展成果是实现个人发展权的主要手段。"③ 享有发展权最先享有的是参与发展过程的可能。"参与有两重含义，其一，参与不只是被动的进入，由决策者提供一个发展的机会、获得就业，而是指主体本着积极主动的行

① 马长山：《智慧社会背景下的"第四代人权"及其保障》，《中国法学》2019年第5期。

② 姜素红：《弱势群体发展权的法理精神阐释》，《求索》2006年第7期。

③ 夏清瑕：《个人发展权探究》，《政法论坛》2004年第6期。

为态度，参与制定发展的决策，以种种方法争取更多的发展机会和实施发展方案的行为。其二，参与要求发展机会的均等。”① 数字技术的发展为具有参与意愿的社会个体在新的秩序中重新分配发展机会。

发展权的参与过程一是话语权分配的问题。“发展权是不发达、被边缘化的权利主体争取话语权的产物。因为任何一种大的权利叙事都可能构成新的话语霸权，进而窒息其他的权利主张。解决现代法学的权利大叙事给现代法学造成危机的出路，在于用小叙事去争取被大叙事所排挤的话语权，以各种小叙事的自由竞争来改变大叙事独霸话语权的状态。大叙事为小叙事制定话语规则的权力被取消，游戏规则被游戏本身所代替。发展权正是这种小叙事的重要表现。”② 在互联网塑造的虚拟社会中，作为微粒的个体得到发声的机会，网络的延伸和数字终端的可接入门槛降低更使个人参与数字发展成为一种普遍现象。“从话语权开始，互联网从新分配社会资源配置。”③ 互联网赋予弱势群体参与发展的新的可能性。技术在身体延伸中形成匿名社区，保障了发展权的基本参与可能，发展的参与通过话语权利的延伸率先表现出来。

二是移动设备和网络基础设施的广泛接入增加经济发展机遇。2021 年 2 月 25 日，习近平总书记在全国脱贫攻坚总结表彰大会上宣告中国完成了消除绝对贫困的艰巨任务。李克强也在报告中指出，“5575 万农村贫困人口实现脱贫，960 多万建档立卡贫困人口通过易地扶贫搬迁摆脱了‘一方水土难养一方人’的困境，区域性整体贫困得到解决”。④ 绝对贫困的消除使提供了进入网络空间的基本条件。“截至 2020 年 12 月，我国网民规模为 9.89 亿，互联网普及率达 70.4%，农村网民规模为 3.0 亿，农村地区互联网普及率为 55.9%。在农村电商方面，电子商务进农村实现对 832 个贫困县全覆盖，支持贫困地发展‘互联网+’新业态新模式，增强贫困地区的造血功能。网络扶贫信息服务体系基本建立。”⑤ 脱贫攻坚的社会背景使得获得数字生存的基础设备能够基本实现，通过实现设备扶助等措施，使网络接入沟得到解决。基于连接网络和影

---

① 夏清瑕：《个人发展权探究》，《政法论坛》2004 年第 6 期。

② 汪习根、涂少彬：《发展权的后现代法学解读》，《法制与社会发展》2005 年第 6 期。

③ 喻国明：《互联网是高维媒介：一种社会传播构造的全新范式——关于现阶段传媒发展若干理论与实践问题的辨正》，《编辑学刊》2015 年第 4 期。

④ 第十三届全国人民代表大会第四次会议：《政府工作报告》，中国人大网（http://www.npc.gov.cn/）。

⑤ 中国互联网络信息中心：《第四十七次中国互联网络发展状况统计报告》，中国电信网（http://www.cac.gov.cn/）。

响力的提升，形成了流量经济的经济发展趋势，从而使既有弱势群体如贫困农民通过网络找到再次创收的机会，通过电商、直播、文创等形式，网络不仅是一种精准扶贫和精准脱贫的新思路，还帮助农村实现持续的数字经济产业链，数字发展成为经济发展的坚实基础。

三是参与数字世界的共建。数字世界和数字社会通过每个个体的参与实现发展，每个个体的数字发展又进一步促进数字世界的建设和发展。社会的发展促进个体的参与，个体的数字参与又进一步促进社会和个体的发展。个体的参与带来大数据的集合，微粒化社会的数据集成实现了对个体力量和资源的高度整合。“在大数据、云计算、人工智能等多种数字化信息技术浪潮下，万物互联进一步将人与人、人与世界的物理连接上升到生理级、心理级的多重互联互通，其疆界的进一步拓展、要素的进一步丰富、结构的进一步生态化，使得原本散落在个人身上的闲置时间、闲置知识、闲置经验等各类闲置资源被发现、被检索、被匹配。互联网将原有的以单位（机构）为基本运作主体的社会构造裂解为以个人为基本运作主体的微粒化社会，这种社会构造上的改变是一种核裂变式的能量释放。”① 个体在参与数字发展中实现了对数字生态的共建，促进数字生态的形成和完善。

（二）能力延伸促进个体发展

麦克卢汉认为一切媒介都是人肢体和感官的延伸。万物互联的媒介为个体以积极态度促成发展提供更多元的能力延展方向。媒介技术发展对弱势个体的延伸不仅是一种作为“头脑中存储的生命力”的触觉感官延伸，还是社会资源和社会身体的延伸。媒介延伸个体能力，不仅为个体带来更多促进自身发展的可能，也在促进社会的发展，保护集体的发展权。

首先是媒介发展极大程度上拓展了信息的利用程度和社会通道发展的可能。印刷机将知识转化为机械生产，知识的祛魅在网络时代更为显著。媒介技术，特别是物联网络的普及使个体在多传播渠道中寻找到更多自我提升的可能，实现对传统弱势群体的信息救济。网络资源的开源提供了更为多元的工作内容，在资源获取和社会关系的延伸中实现个体的发展。其次是社会评价体系的更新。数字生态的发展促使话语能力的延伸和核心资源的更迭，构成了话语权的更新并在网络社会再建了一种数字社会规则，特别是使社会评价体系的价值依据产生变化，尤其是对社会阶层的划定产生区分。网络话语下传统阶层中

① 喻国明：《新媒体范式的历史演进与社会构建——兼论传播学学科发展的着眼点与着手处》，《现代出版》2021年第4期。

由职业产生的社会分层在进行新的变更。再次是更多工作领域的再生。“技术平台成为经济运行基石，算法指挥资源流向，重塑资本积累方式和劳资关系——市场透明度提高，口碑和流量规模成为零工经济参与者重要的行动指引，非市场机制在经济中作用凸显——个体经济生活和社会生活融合，职业身份多元化和模糊化。”① 灵活弹性的劳动关系模式拓展参与者在市场中的“选择自由”，零工经济的兴起使掌握数字技术和数字规则的人更容易实现阶层流动。最后是传统资源的重新分配。网络不仅带来传统弱势群体参与社会发展的能力，还在核心资源的重新界定和资源重新分配中实现对弱势群体边界界定的重组，数字生态中数据是新的核心资源之一。“如果说农业社会最基本的战略性资源是土地、工业社会最基本的战略资源是资本，那么第四次科技革命后最基本的战略资源就是数据，自主知识产权与数据主权的捍卫、数据权利的合理配置与保护，将成为未来社会最基本的权利景象。”② “信息传播的形形色色的赌注都指向了权力的转移。”③ 数字时代掌控技术和数据的权力随着互联网的普及开始下移。“数字技术让信息呈现出一种大相径庭的数量级形式，而且使得每个人都可以在新的传输和仪式结构中访问和接触信息。”④ “伴随社会传播技术门槛的下降与传播工具的普及，个人作为传播的主体，有机会直接成为社会资源的接触者和操控者。”⑤ 对能力的提升衍生打破既有阶层区隔，数字资源的重新分配也在某种程度上重新分配个体的发展可能性。传统意义的社会弱势群体在新资源的启动下有了进一步进行阶层流动的可能。同时，通过对个体能力的高度挖掘和整合，“越来越多的权力不是自上而下赋予，而是自下而上涌现”。⑥ 资源掌控权力的转移使互联网数字个体拥有维护自身发展权利的主动性，权利救济不再是被动的行为模式，而更加倾向利用技术实现主动的发展权争取，以促进自身发展。

---

① 王星：《零工技能：劳动者“选择的自由”的关键》，《探索与争鸣》2020年第7期。

② 张文显：《“无数字 不人权”》，《北京日报》2019年9月2日第15版。

③ 陈卫星：《关于传播的断面思维》，载王岳川《媒介哲学》，河南大学出版社2005年版，第127页。

④ 王星：《零工技能：劳动者“选择的自由”的关键》，《探索与争鸣》2020年第7期。

⑤ 喻国明：《新媒体范式的历史演进与社会构建——兼论传播学学科发展的着眼点与着手处》，《现代出版》2021年第4期。

⑥ 喻国明：《新媒体范式的历史演进与社会构建——兼论传播学学科发展的着眼点与着手处》，《现代出版》2021年第4期。

（三）器官延伸享受权利保障

"电力技术到来之后，人延伸出（或者说在体外建立了）一个活生生的中枢神经系统的模式。"[①] 网络对人的延伸还在于对个体神经系统的延伸，个体和社会连接的日益紧密使个体更为便捷的享受技术带来的社会发展成果。万物互联的发展趋势将人的感知和认知系统与社会智能认知系统相连接，"与人的身体相关的设备和智能传感器不只是人的器官延伸，而是成为某种意义上的新器官。它们增强了人对外界的感知、连接与认识能力，同时也增加了人被外界认知与控制的维度。这些机器也将人随时随地映射到虚拟世界——人的身体状态、行为甚至思维活动都被数据化，人与信息的界限不断模糊，人类日益成为物质—信息混合物的后人类主体"。[②] 通过线下生物人进行直接线上交互的"具身"特征，个体成为数字网络的一部分，并通过外接的智能设备，个体能够实现技术具身并通过这种器官延伸享受社会发展带来的诸多权利保障。首先是人性化趋势下可接入性的提升。部分技术使用的复杂性使其接入门槛过高，由此带来被排斥于数字城邦之外的"余数生命"。而随着技术人性化趋势的发展，以人脸识别为例，利用生物特征便捷实现非接触的数据信息连接，使人与物联网络的连接免去了对个体具有复杂要求的接入和技术使用门槛，技术成为便捷数字个体的延伸器官。其次是社会管理中的治理效率提升。2021 年 3 月 5 日在第十三届全国人民代表大会第四次会议上所作政府工作报告指出未来要"加强数字政府建设，建立健全政务数据共享协调机制，推动电子证照扩大应用领域和全国互通互认，实现更多政务服务事项网上办、掌上办、一次办。企业和群众经常办理的事项，今年要基本实现'跨省通办'。数字政府、数字治理和数字服务都使社会治理效率极大提升，个体和社会管理系统的连接日益紧密"。[③] 新冠肺炎疫情加速城市数字化转型，政府社会服务"搭车"现有程序，"以人脸识别技术为代表的网络识别技术在数字城邦社会中构建起一套以面部信息为语言的交流系统，将陌生的社会成员以技术联结，人脸识别终端成为数字个体与社会连接的外在器官"[④]。同时，人脸识别技术的验证能力作为社会

---

① ［加］马歇尔·麦克卢汉：《理解媒介：论人的延伸》，何道宽译，商务印书馆 2000 年版，第 76 页。

② 彭兰：《人—机文明：充满"不确定性"的新文明》，《探索与争鸣》2020 年第 6 期。

③ 第十三届全国人民代表大会第四次会议：《政府工作报告》，中国人大网（http：//www.npc.gov.cn/）。

④ 郭淼、檀晓涓：《人脸识别技术对数字个体的增权与抑制》，《未来传播》2021 年第 2 期。

神经系统的一部分，促使整个社会的生产效率提升，对数字弱势群体使用能力的延伸补足，为数字社会发展的短板提供必要的技术网络支撑。再次是个体生活中生活质量的提升。正在拟定中的《数据安全法》第十五条指出："国家支持开发利用数据提升公共服务的智能化水平。提供智能化公共服务，应当充分考虑老年人、残疾人的需求，避免对老年人、残疾人的日常生活造成障碍。"而通过社会神经系统的连接，作为社会节点的数字个体也能实现更为便捷的人与人的连接。在物质社会中，既有社会弱势群体基于特定原因（如年纪、残疾和使用技术能力）成为弱势，而技术可以对这些原因进行补偿。通过"推动各类场景数字化，推进智慧社区建设，加快信息无障碍建设，帮助老年人、残疾人等共享数字生活"。① 保障社会弱势群体的权利，实现技术发展的人性化趋势，进一步提升个体生活质量，享受技术带来的发展成果。

三　身体"截除"：数字发展权的权利实现困境

"人们对自己在任何材料中的延伸会立即产生迷恋。我们的文化太偏重技术已近乎麻木。"② 以至于在普罗米修斯的羞愧中沉陷与对技术神话的迷信，将技术带来的身体退化和器官解除所忽略。"任何发明或技术都是人体的延伸或自我截除。这样一种延伸还要求其他的和其他的延伸产生新的比率、谋求新的平衡。"③ 随着数字生态的蔓延及个体和生态的交缠，"资源分配的不平等具体到弱势群体身上体现的是与强势群体之间的权利失衡"。④ 技术的双面性使其带来的发展不仅是对弱势群体发展权的维护和保障，被重新配置的资源和权力结构开始抛弃和掠夺数字个体，数字生态到来的强制性和突然性将个体的存在和意愿压制，使数字个体在参与、促进、享受发展过程中遇到诸多困境。这种数字生态过度膨胀和不平等的新秩序带来对数字人权和发展权的侵害，从而出现新兴的数字弱势群体。

---

① 中华人民共和国人力资源和社会保障部：《中华人民共和国国民经济和社会发展第十四个五年规划和二〇三五年远景目标纲要》，人民出版社2021年版。

② ［加］马歇尔·麦克卢汉：《理解媒介：论人的延伸》，何道宽译，商务印书馆2000年版，第74页。

③ ［加］马歇尔·麦克卢汉：《理解媒介：论人的延伸》，何道宽译，商务印书馆2000年版，第74页。

④ 王勇：《社会冲突论视域中的弱势群体利益表达》，《探索》2011年第4期。

（一）媒介生态延展中的参与困境

作为生态的媒介构建社会结构，影响弱势群体发展中的参与可能。数字发展的参与困境包括生存参与、数据参与以及交流参与三个方面。

首先，数字弱势群体面临数字生存的参与困境。在实现数字参与前，仍然存在部分弱势群体出于种种原因，缺乏进入数字世界、参与数字发展的基本能力，数字参与困境阻碍个体享受社会发展成果，无法接入数字系统和技术相当于自身器官的"隐性退化"。"在今天的'数字城市'中，数据的语法化逐渐取代符号的语法化而编织起共同体的'实体'。而这个共同体的合法公民，便是'数字人'，无法被数字化的个体，将成为越来越总体化的数字—符号秩序中的'余数生命'（remainder-life）。"[①] 无法实现数字化转型的个体在数字社会中被物化，最终成为数字生态中数字统计的存在而非真正具有能动性和积极社会参与权的"人"本身。数字环境的改变不能改变资本主导的技术对弱者的剥夺以及个体能力的贫困，弱势群体基于数字鸿沟无法进一步适应时代发展的需求，产生新的对发展权的侵害。

其次，对数据的掌控能力差异也在影响数字世界中个体的发展权利。尽管数字生态中，数据成为新的核心资源之一，为社会个体发展提供决定性的发展方向。但是对数据掌控也存在差距。就当前的数据掌控来讲，可以包括掌控、应用和解读三种层次。除了资本掌控和算法掌控，个体对数据的应用主要体现在数据权的实践过程。其中主要是对数据信息的应用，包括对数据信息的挖掘、过滤和解读能力。马长山指出数据权是典型的新兴权利，可以确保人民有权索取各式各样的数据，用于社会创新或者商业创新。[②] 龚向和也指出数据权再一次分化为"数据生存权"（人们有权要求在数字空间中获得高质量数据、技术支持以及侵权救济等基本权利）、"数据遗忘权"等权利。[③] 数据挖掘能力使公民辨别海量数据流中的优质信息，数据过滤能力使公民在个性化议题中谋求公共共识并由此获得更高层次的话语权，对大数据解读能力能辨别非全样本数据库下的偏差，包括伪客观和假象的辨别。数据应用能力不足或是在数据应用者的价值导向和利益驱动下，数据解读偏差会造成另一种形式的数字鸿沟和阶层差距。

---

① 吴冠军：《健康码、数字人与余数生命——技术政治学与生命政治学的反思》，《探索与争鸣》2020年第9期。

② 马长山：《智慧社会背景下的"第四代人权"及其保障》，《中国法学》2019年第5期。

③ 龚向和：《人的"数字属性"及其法律保障》，《华东政法大学学报》2021年第3期。

最后，与媒介内容的脱节和误读也会在话语权利的“截除”中造就参与困境。“我们对所有媒介的传统反应是，如何使用媒介才至关重要，这就是技术白痴的麻木态度。因为媒介的‘内容’好比是一片滋味鲜美的肉，破门而入的窃贼用它来涣散思想看门狗的注意力。媒介的影响之所以非常强烈，恰恰是另一种媒介变成了它的‘内容’。”① 内容和文本作为言语媒介，在延伸个体的同时，在意义区隔中影响个体对发展的参与。网络世界的对亚文化社群的孕育将一种独属于某一社群的语言内容向大众扩散，不同代际的语言表达和意义区隔将以老年群体为代表的数字弱势群体排斥在网络社会参与之外，形成对弱势数字个体的身体“截除”。话语表达的参与困境带来的是政治参与的困境。数字弱势群体在网络政治参与中的弱势带来其政治参与权利的保障问题，其社会资本也被剥夺。同时，“在国家主导的技术治理框架中，相对于科技企业与政府的密切合作，个人参与技术治理甚为薄弱，这种社会参与的非均衡性在本质上是一种基于权利危机的数字不平等”。② 在实际网络政治参与过程中，数字弱势群体缺席线上交流，无法进行网络政治参与的诉求表达，不仅失去为自身权利发声的机会，而且也在数字政治参与的转型中带来权利行使的诸多障碍。数字弱势群体被裹挟进入网络政治参与场域，而没有选择余地，同时被迫陷入一种不平等的参与表达秩序。

（二）器官延伸中的发展退化

“媒介即是讯息，因为对人的组合与行动的尺度和形态，媒介正是发挥着制造和控制的作用。实际上，任何媒介的‘内容’都使我们对媒介的性质视若无睹，这种情况非常典型。”③ 媒介本身作为一种讯息，在日常化使用中使数字个体忽视其对身体的控制，更忽视了这种对媒介的依赖和媒介控制带来的发展退化，技术依赖在另一层面不是对个体发展的促进，而是发展权的侵蚀和发展的退化。这种退化笼罩了生物身体和社会身体，既是对既有器官机能的退化，也是对个体发展意愿的退化和自身发展促进的侵蚀。

首先，媒介技术对身体的延伸可能带来个体的麻木和器官的退化。“从生

① ［加］马歇尔·麦克卢汉：《理解媒介：论人的延伸》，何道宽译，商务印书馆 2000 年版，第 75 页。

② 单勇：《跨越“数字鸿沟”：技术治理的非均衡性社会参与应对》，《中国特色社会主义研究》2019 年第 5 期。

③ ［加］马歇尔·麦克卢汉：《理解媒介：论人的延伸》，何道宽译，商务印书馆 2000 年版，第 75 页。

理学的角度看，有充分的理由说明，我们的延伸会使我们麻木。他们把人的任何延伸都看成是'自我截除'。人体无法探查或避免刺激的根源时，就诉诸自我截除的力量或策略。"[①] 而对技术的过于依赖造成具体器官的麻木。"本应该由人的大脑记忆的个人历史、社交记录以及知识与信息，都变成了外存中的数据，很多时候人脑中只留下了一些指向外存的'链接'。因为对外存的依赖，人的大脑的记忆能力或许会减退，甚至包括与自己相关的信息和记录。"[②] 人与设备连接的紧密使人与自身的连接减弱，在社交网络中的认知和对服务器的依赖使人格本身依赖于外在而非自身，人的尊严和存在本身被网络主导而非自身主导。

其次，媒介技术的发展还可能带来一种能力拓展的意愿退化。数字社会中代表生产力的科技水平大幅提升，技术形成的福利社会弥合大部分公民间的数字鸿沟，科技社会没有加剧原有社会不平等，而是在其形成的新社会框架产生小康状态中的数字贫民与新的优势阶层，并不断固化这种新的社会秩序。小康的贫民源于技术带来的社会生产力的提高，机器取代人的岗位并在高效高质地产出人类生存资料，物质的丰富、技术的普及和全民基本收入的政策保证数字公民生活的小康与拥有海量网络知识资源的门票，均等享有社会福利的多数数字公民在技术控制和社会福利的规训忽视技术权力的垄断和技术权力的不均等，将技术权力的不平等合理化，形成无心进行阶层流动的小康中的贫民和占据技术这一无形稀有资源的互利网独角兽及优势阶层，在方可成提到的"反转的数字鸿沟"中最终完成新社会框架下阶层的固化。而网络社会的结构性不平等也在圈层间的联结"形成一种封闭的、保守的、与外界缺乏沟通的'小世界'群体"，[③] 扩大阶层差距。

最后，技术在对个体发展提供机遇的同时也在技术潜移默化的对数字个体的私人领域进行入侵，为技术对个体的发展促进蒙上阴霾。这种入侵包括对个体身体的监控、利用和塑造，即全景监狱式的隐私监控、全时空在线的身体剥削以及流水线式的个体塑造。

有研究指出，信息个人化转向导致算法对人的掌控范围扩张。"交流媒介演进的最终结果，是建立完全由代码构成的数字世界，人类活在代码里，并在

---

① ［加］马歇尔·麦克卢汉：《理解媒介：论人的延伸》，何道宽译，商务印书馆2000年版，第74页。

② 彭兰：《连接与反连接：互联网法则的摇摆》，《国际新闻界》2019年第2期。

③ 牛丽慧：《信息贫困形成的经济学机理及其援助制度的设计》，硕士学位论文，山西大学，2016年。

数字交往中获云个体的数据，进而作出调整和变化，得永生，真实的世界已无关紧要也不复存在。”① 算法模型的价值偏差影响其信息输出，算法黑箱和全景监狱中云个体对真实个体的控制更为恐怖，信息个体化对个体隐私消解，“软生命政治以类属定义生活”并“在技术社会层面干预生活”。② 在日常生活中，技术渗透的隐蔽性和技术判断的高效性使数字公民在日常生活中失去判断，技术驱动将以无意识的方式成为一种生活惯习，这也使得个体将被迫受一种隐性的全时空在线的泰勒式管理，“数字城市的流水线化对每一个城市居民都将无差别地施加影响。无论是高收入的‘码农’还是低收入的赛博朋克，只要持续被‘算法’困扰，他们的共同命运就是只能长期工作，失去社会交往的时间而陷入数字城市生存的权利贫困”。③ 在显性劳动外，技术逻辑还通过算法榨取每个使用媒介的数字公民在任何数字活动过程中的价值。一旦接入数字生态，其生活轨迹和数据都成为可以被利用的有价值的内容，数字公民在无意识中成为被数字资本主义使用的数字资料，成为无法反抗的弱势群体。

在生活、工作和行为被技术控制的情形下，数字个体也将成为被精准计算的数据和工业化生产的个体。数字社会将成为另一种“垄断的、强制标准的社会。它们已经考虑好了一切，你想到的已经替你想到，你想不到的也已经替你想到。马尔库塞的‘单面人’就是这样造就的，‘模仿人’在如此的环境中长大”。④ 个体将成为被规训和塑造的流水线个体，在无力反抗中处于技术社会的弱势地位，在强制标准的社会自由本身成为一种被形塑的自由的权利，发展成为一种表面的进步，个体发展的无限可能被“截除”。

（三）实现发展权的权利让渡

数字个体既渴望技术具身带来的身体延伸，又害怕其特定时刻的破坏性。技术时代的悖论在于，人类能力的发展需要技术，人类在试图将包括数字弱势群体的全部人类纳入技术辅助下的高效管理，人类也在努力将技术变成如指臂使用的身体“新器官”，技术本身还在帮助原有的社会弱势群体脱离困境，被

---

① 李凌、陈昌凤：《信息个人化转向：算法传播的范式革命和价值风险》，《南京社会科学》2020年第10期。

② 李凌、陈昌凤：《信息个人化转向：算法传播的范式革命和价值风险》，《南京社会科学》2020年第10期。

③ 姚尚建：《被计算的权利：数字城市的新贫困及其治理》，《理论与改革》2021年第3期。

④ 聂庆璞：《媒介嬗变中的文明演进》，载王岳川《媒介哲学》，河南大学出版社2004年版，第198页。

技术进步裹挟进行发展的数字个体一方面在重塑秩序的网络生态的寻找或者获得新的发展优势，享受发展带来的身体延伸，但也在被迫适应发展的技术和资本逻辑，在重构的秩序中被迫让度自身的既有权利。“在网络化的智能利维坦中，人们生活的环境与情境是由技术和技术规则搭建的，每一个人进入这一环境和情景看似是自愿的，但其实质是被强制的，至少我们已经被牢牢地锁定在了桌面操作系统并通过桌面操作系统被强制进入虚实一体的智能技术王国中。新的秩序中遍布信息鸿沟、数字鸿沟、智能鸿沟、技术鸿沟、认知鸿沟、文化鸿沟，新的秩序注定是一种极其不平等的秩序。”① “回望人机文明的出发点，我们看到的初衷是，人试图通过基于机器的新创造来克服人类机能的弱点，但是付出的代价是否值得——人类文明的发展方向，人类疆域拓展或失守等。”② 所有人类都可能或已经成为技术操纵下的“数字弱势群体”。

在享受发展过程中，技术在无意识中干涉个体的生活，将权利让渡在常态化媒介生活中合理化，甚至在互联网逻辑中，只有让渡权利，才可以获得互联网和物联网的准入权。“以隐私换便利”与其说是一种麻木的自我选择，不如说是互联网生态的强制规则。从生态入场时的权利让渡到日常规划，再到算法规训，媒介生态逐步深度渗入，在潜移默化的行为中，身为数字公民的个体无法察觉数字生态中由技术构建的生存规则，进而侵害自身的天然权利。从生态规则构建来看，“今天数据语法化的可读性，并不是面向作为‘说话的存在’的人，而是面向人工智能算法。这也就意味着，‘数字城市’的共同体‘实体’，对于人是彻底不透明的，或者说，它对于人而言是一个‘黑箱’”。③ 这种黑箱使得数字用户在权利让渡的时候无法辨明，权利受侵害时也无法发觉。同时，万物互联的媒介生态中，人与自身、人与人以及人与社会的联系都在时刻联系，过度连接带来的关系负载也成为一种个体发展道德桎梏。“不断增长的连接在延伸人的社会关系的同时，也将更多关系负担与社会压力传递给人。当连接达到一定限度后，它对用户的意义可能就会减弱，甚至走向反面。”郭春镇指出数字人权的消极面向还意味着人们在大数据时代“独处的权利”。④ 这意味着享受发展的同时个体也需要具有“反连接”的空间。

---

① 齐延平：《论人工智能时代法律场景的变迁》，《法律科学（西北政法大学学报）》2018 年第 4 期。

② 彭兰：《人—机文明：充满“不确定性”的新文明》，《探索与争鸣》2020 年第 6 期。

③ 吴冠军：《健康码、数字人与余数生命——技术政治学与生命政治学的反思》，《探索与争鸣》2020 年第 9 期。

④ 郭春镇：《数字人权时代人脸识别技术应用的治理》，《现代法学》2020 年第 4 期。

从数字身体角度来看，数字生物信息是数字个体身体的具身组成部分。但这些被他者高度控制的数字人信息在失去个体控制的同时也可以被称为失去控制的“身体元件”。[①] 正是由于人是技术的目的，技术对人的器官延伸不能脱离人的存在而存在，因此技术离身和失控中的信息可以被视为赛博格世界中对数字人的身体元件的切割，特别是深度伪造等技术使用将人的身体信息从信息人中剥离，从而进一步触及属于自然人的利益。

媒介生态在控制个体的同时还在控制社会，制造社会治理过程中的决策偏见，进而阻碍社会个体的发展。技术逻辑下的数字弱势群体的权利贫困和脆弱性更为明显，技术在指导社会治理的过程中，不仅提供了一种高效决策的智慧大脑，还有可能在强制性推广和算法构建的技术漏洞中限制个体发展的无限可能。“大数据技术可能忽视城市居民的差异性，而把存在知识差异、能力差异的市民抽象化，并推行无技术差别的公共政策。”[②] 在强制性的社会数字规范中，这种无差别的公共政策将忽视弱势群体的特殊情况，干涉个体自由选择的权利。而“算法偏见、算法操纵对政治公平正义的侵蚀，极易触发意外未知风险。数字逻辑下对弱势群体制度性的排斥使部分社会成员‘数据空白’，数据身体的缺位造成信息落差，在智能算法成为评价社会成员的重要手段形成算法偏见和区别对待”。[③] 如果仅通过技术对个体加以判断和控制，无疑削弱人的主体性，使发展本身成为“智能利维坦”的工具。

四 人权视角下数字发展权的保障

“生存权，发展权是首要的基本人权。”通过政策确认，发展权成为“元人权”。数字背景下的发展权作为数字人权的组成，指向以人为核心的权利发展理念，作为数字人权的数字发展权需要个体在数字生态中与媒介共存，并利用媒介技术的发展带动人自身的发展，保障在数字时代个体实现参与、促进、享受发展的权利，特别需要注意在适应数字生态发展的过程中利用数字技术保障弱势群体的发展权利。

首先是社会治理模式的更新。数字生态带来的新的社会结构要求更新的社

① 彭兰：《智能时代人的数字化生存——可分离的“虚拟实体”、“数字化元件”与不会消失的“具身性”》，《新闻记者》2019年第12期。

② 姚尚建：《被计算的权利：数字城市的新贫困及其治理》，《理论与改革》2021年第3期。

③ 刘卓红、胡宜安：《论新时期弱势群体与社会公正及其建构》，《理论视野》2004年第2期。

会治理模式，对人权提出了更高的要求。"互联网作为'高维媒介'，需要一种与它相匹配的管理范式和运作逻辑：用传统的那种'低维'逻辑和范式去操作它是荒谬和无效的。"① 数字生态中对个体的激活使政府角色转换从传播机构的管理者转化到社会传播生态的共建者，国家不再扮演"消极的守夜人"角色，而被要求积极履行保护和给付义务。在塑造尊重人权价值的"道德基础设施"，公共政策注入"数字人权价值"。② 在进行数字治理，推动数字理性的过程中，不仅政府和企业要认同数字化人格，将人的价值和尊严放在重要位置，还需要个体积极进行参与数字发展，实现数字治社会的共建共治共享。

其中，对弱势群体的权利保护是数字人权中发展权保障的重点。"弱势群体权利保障从根本上讲是一个人权概念，它是指维护弱势群体的基本人权，其中最根本的是国家以法律和制度的形式切实维护弱势群体的基本人权。"③ 李忠夏指出，要以通过公法措施杜绝国家公权力对弱势群体的任意不平等对待，弱势群体的宪法保护才是弱势群体保护中的核心问题。④

其次是对数字主体的要求。"个人与智能秩序冲突的强度及其复杂程度显然要远超个人与国家的冲突，最终将发展成为'智能利维坦'不同权力层级之间、同一层级的不同子秩序间的冲突和激烈对抗。"⑤ 技术连接、入侵、控制数字个体的过程，在不可避免地形成数字弱势群体的同时，也激起了技术面前处于弱势群体的个体的反抗。通过对媒介技术的发展进行规制，对其利用数字信息的边界进行划定，在一定程度上能够实现人对技术的掌控。除了在社会层面上对媒介技术的发展进行规制，数字个体的媒介素养也成为与技术博弈的重要资本，对技术和信息的掌控及使用成为数字弱势群体边界判定的重要要素。

发展权的保护需要主体以积极的态度参与发展过程。需要建构具有数字理性的数字主体，特别是提升数字主体的主体意识，主动培养数字媒介素养，培养利用数据，在信息生态中进行数字化生存的能力。技术赋权论揭示了一个深刻的社会现实，即"无技术者无权利"，而这种知识贫困导致的权利丧失正可

① 喻国明：《互联网是高维媒介：一种社会传播构造的全新范式——关于现阶段传媒发展若干理论与实践问题的辨正》，《编辑学刊》2015年第4期。

② 马长山：《智慧社会背景下的"第四代人权"及其保障》，《中国法学》2019年第5期。

③ 张晓玲：《社会稳定与弱势群体权利保障研究》，《政治学研究》2014年第5期。

④ 李忠夏：《弱势群体的宪法保护》，《山东大学学报》（哲学社会科学版）2013年第6期。

⑤ 齐延平：《论人工智能时代法律场景的变迁》，《法律科学（西北政法大学学报）》2018年第4期。

能始于依赖数字的城市规划。从城市权利的角度，在数字技术之前，掌握技术是城市权利实现的核心。① 在数字生态中唤醒人的觉醒，寻找适应技术改造技术的路径，在技术成为人的延伸的过程中进一步保障数字人权，在对数字科技的依赖中实现与科技的共存。

最后是结合数字生态发展趋势。《中华人民共和国国民经济和社会发展第十四个五年规划和二〇三五年远景目标纲要》指出要“营造良好数字生态坚持放管并重，促进发展与规范管理相统一，构建数字规则体系，营造开放、健康、安全的数字生态。建立健全数据要素市场规则、构建与数字经济发展相适应的政策法规体系、加强网络安全保护、推动构建网络空间命运共同体”。数字生态的发展为个体发展提供了契机，同时也需要个体适应生态，发展生态，并在生态发展中实现自身的持续发展。“数字化生存的确给了我们乐观的理由，我们无法否定数字化时代的存在，也无法阻止数字化时代的前进，就像我们无法对抗大自然力量一样。”② 需要立足数字生态，掌握权利保障的主动性，利用技术对自然身体的补足，抑制技术以及资本对弱者的剥削，利用技术实现公平正义，维护个体的人格和尊严，寻求人类的可持续发展和人的基本权利。

政府也需要适应生态变化，构建完整的生态秩序，明确权利保障对象和保障义务主体。张文显指出，维护数字人权“在制度上强调科技企业尊重和保障人权的责任，以及政府尊重、保障和实现‘数字人权’的义务。这种责任和义务，一方面表现为对公民（用户）数字化生活中隐私权、数据权、表达权、人格尊严权等权利和自由的尊重与保护；另一方面表现为对互联网基础设施及其他数字化设备的提供，尤其是对弱势群体所面临‘数字鸿沟’的填补，以公共资源和集体行动确保社会成员平等、充分地享有接入互联网世界、过上数字化生活的条件和机会，进而真正实现其上网权或数字化生活权。”③ 龚向和也提出，人的数字属性的法律保障机制就包括前后相互联系的两个部分。一是以人的“数字属性”为本原确立人的数字属性的法律权利形态，通过立法将应有人权转换为法定人权，即权利保障；二是通过义务人的义务履行促使法定人权转化为现实生活中的实际享有的人权，即义务保障。④ 此外，还要构建以算法为中心的智能社会法律秩序。以大数据、云计算、互联网、区块链、人工智能为标志的智能科技所催生的“数字化”“网络化”“智能化”革命，对

① 姚尚建：《被计算的权利：数字城市的新贫困及其治理》，《理论与改革》2021年第3期。
② 参见［美］尼古拉·尼葛洛蒂庞《数字化生存》，胡泳、范海燕译，海南出版社1997年版。
③ 张文显：《“无数字　不人权”》，《北京日报》2019年9月2日第15版。
④ 龚向和：《人的“数字属性”及其法律保障》，《华东政法大学学报》2021年第3期。

现行秩序造成严重冲击和挑战，同时也为构建新秩序注入了强大动能。构建以科学、人本、公正、包容、共治为核心要素和鲜明标识的法理型法律秩序，是破解智能社会"治理赤字"的当务之急，也是智能社会行稳致远的根本保障。①

在数字时代，数字人权不仅仅包括数据权利的兴起和具体权利的更新。要注意到生存权和发展权作为最基本的人权，需要数字人权对其继承并更新。结合数字发展背景，探讨社会弱势群体数字发展权的问题符合数字中国的发展和建设需求，也是绝对贫困消除后社会发展面临的重要议题。技术对发展权的影响是复杂的，一方面媒介技术在对个体的身体"延伸"中实现了对部分弱势群体的权利援助和能力救济；另一方面技术的高速发展带来无法适应发展的弱势群体，以及在过度延伸中带来的肢体"退化"或"截除"，新语境下个体发展的受到技术桎梏。不得不承认的是，媒介技术已远非工具，而成为生态，如何适应数字生态，把握数字发展，充分发挥技术对发展的保障作用，减轻技术对个体发展带来的负面影响，将成为数字时代的长期议题。

Extension or Interception? The Influence of Digital Media on the Right to Development of Vulnerable Groups

Tan Xiaojuan

Abstract: The right to development, as a basic human right, is facing the impact of digital ecology. The development of digital technology and the formation of digital ecology bring a new structure of social communication, carrying out digital transformation for individuals, and forming a new content of the right to development. The wide use of digital media lead to the extension of individuals, and the digital world highly depended on external media device will make the ability of using and mastering digital devices, digital information became the core ability of

① 张文显：《构建智能社会的法律秩序》，《东方法学》2020年第5期。

digital survival. People who cannot realize the digital transition will affect their social development, the "body interception" would affect the development of right in a bad way. Technology affects the right to development in two completely different ways, and the effcets throughout the whole development process of participation promotion and enjoyment. It is necessary to use digital media technology in the digital ecology to realize the survival and development of human beings, and protect the rights of individual social digital development. Starting from the protection of the right to development of the digital vulnerable groups, we can better understand the change of the rights of the digital society, and it is also a new perspective for the study of digital human rights.

Key words: Right to Development; Digital Human Rights; Digital Media; Vulnerable Groups

个人信息保护

危险的场景化标准：私密信息私密性检验的实践批判*

张建文**

摘　要：《民法典》第 1034 条第 3 款对司法机关以裁判规则的形式所提出的区分个人信息中的私密信息的裁判义务，成为司法机关不得不自觉自主自动地予以完成的工作。在司法实践中，提出了多种试图用以作为个人信息中的私密信息之私密性的检验标准的做法，其中最具影响力的是所谓的“场景化标准”。场景化标准声称要“结合法律规定的认定标准，一般社会大众的普遍认知，以及信息的具体运用场景”综合进行判断。然而在本质上却违背了《民法典》关于个人信息定义所蕴含的整体性视角与规范性效力，而是局限于场景化标准本身所追求的个别化视角，将作为整体性概念的个人信息碎片化为具体单独孤立的信息，以此达到将具有整体性意义的个人信息去隐私化的目的。

关键词：民法典；个人信息；私密信息；隐私权；私密性界定

一　问题的提出

《中华人民共和国民法典》（以下简称《民法典》）第 1034 条第 3 款提出了对个人信息中的私密信息的特殊法律适用规则，也就是说，构成私密信息的

---

* 本文为作者主持的中国人权研究会 2020 年度部级研究课题“中国民法典编纂与人权保护”（批准号：CSHRS2020-20YB）。

** 张建文，西南政法大学教授，博士生导师。

个人信息将适用隐私权的规范予以救济，而不构成私密信息的个人信息则适用个人信息保护的规范。该规则对司法实践来说，意味着司法机关在面临有关个人信息的司法保护问题时有裁判上的义务考虑所面临的个人信息是否构成私密信息，以便决定最终法律规则的适用问题。

在我国，有关个人信息保护的司法实践，严格区分对隐私权与个人信息的保护，是较为晚近的事情，主要是由于立法对隐私权和个人信息保护的相互关系的态度。

在2017年10月1日《民法总则》生效之前，司法实践虽然并非完全没有但是相对来说较少区分个人信息到底是放在隐私权中予以保护，还是与隐私权独立作为个人信息予以保护。因为这一时期的司法实践尽管也保护个人信息，但是由于在民事立法上并没有明确的个人信息保护规则（也就说，个人信息并没有在立法上予以独立保护），所以通常会放在广义的隐私权中予以保护。在《民法总则》生效后，情形就有稍许变化，这种变化来自《民法总则》第五章“民事权利”关于隐私权和个人信息保护的立法结构。该结构的特征在于将隐私权放在民事权利之列（第110条第2款），而将个人信息保护放在单独的条文（第11条）之中，由此形成了隐私权与个人信息保护相互独立的结构。但这种相互独立并没有明确指向二者在相互关系上的完全独立或者绝对独立，因为此时并未有隐私和个人信息的立法定义，在当时对司法实践来说，也看不出来有加以严格区分的必要，因而有的司法实践试图加以区分，也有的司法实践根本不予理睬隐私权与个人信息保护这种形式上的并立（区分）结构。

待到《民法典》生效后，《民法总则》被废止，但是《民法典》一方面在总则编继承了《民法总则》这种形式上的并立结构，另一方面在人格权编中又将这种本初是形式上的并立结构进一步强化并增添实质性的内容，体现为将隐私与个人信息的内容和本质性特征纳入各自的立法概念之中，同时规定了具有不同保护范围和保护强度的隐私权与个人信息保护的法律制度。根据起草者的意图，这种区别将意味着在权益保护方式（也就是到底是以权利保护还是以权益/利益保护）、权益保护的限制（这也是《民法典》和其他法律唯一的空前的对隐私和个人信息进行区别的）、侵权要件（是否必须证明实际损害的发生）、价值位阶（隐私所体现的价值位阶高于个人信息所体现的价值位阶）等方面的根本性差异。[①] 最关键的是，《民法典》第1034条第3款在裁判规则的意义上暗示了司法机关在裁决个人信息保护问题时负有区分该个人信息

① 王利明：《〈民法典〉人格权编的立法亮点、特色与适用》，《法律适用》2020年第17期。

是否构成私密信息的义务。

综上可知，是否将个人信息纳入隐私权予以保护的问题，本来是个开放性的问题，司法机关在此问题上也可以有其选择之自由。《民法典》编纂过程中，该观点“日益成为学界主流观点”，[①] 并据此设计隐私和个人信息的区分保护模式。[②] 但是，《民法典》起草者激进地将区分隐私权与个人信息保护的观点上升为立法者的官方观点之后，很显然，司法机关就丧失了在处理隐私权和个人信息保护相互关系问题上的自由裁量空间。对个人信息的私密性的检验问题，到底应当采用何种标准予以检验和认定，对司法实践来说就是不容回避的必须处理的具有实践意义的问题。司法实践也自觉地意识到了这个问题——“在司法实践中如何合理界分二者的内涵、范围并施以相适应的保护方式，仍是亟待解决的问题”，[③] 并自主地承担起这个任务——“在《民法典》对隐私权和个人信息采取二元保护的体系下，应精准划定二者的界限，以明确不同权利类型下社会行为的自由和界限。”[④]

笔者将以有关学者对隐私与个人信息的区分意见为基础，重点结合我国最近有关隐私和个人信息相互关系的司法裁判，力图廓清司法实践中私密性检验标准的情形。

二　个人信息中的私密信息之私密性检验的实践梳理

在司法机关尚有可以自由选择隐私权与个人信息保护的模式时，有个别司法机关注意到了隐私权与个人信息保护的区分问题，但是，这种区分的动机往往在于回应权利主张者所提出的同时保护被侵犯的隐私权与个人信息的诉讼请求，[⑤] 实践上的价值在于确定是构成权利竞合还是权利聚合，以及最终确定权利主张者的请求权基础问题。[⑥] 其实在《民法典》生效之前也有相当具有影响性的案件以参考《民法典》相关规定精神的名义适用了《民法典》第1034条

---

① 王利明：《论个人信息权的法律保护——以个人信息权与隐私权的界分为中心》，《现代法学》2013年第4期；张新宝：《〈民法总则〉个人信息保护条文研究》，《中外法学》2019年第1期。

② 张新宝：《从隐私到个人信息：利益再衡量的理论与制度安排》，《中国法学》2015年第3期。

③ 许可、孙铭溪：《个人私密信息的再厘清》，《中国应用法学》2021年第1期。

④ 参见北京互联网法院（2019）京0491民初10989号民事判决书。

⑤ 参见北京市海淀区人民法院（2018）京0108民初第13661号民事判决书。

⑥ 参见北京市第三中级人民法院（2020）京03民终字第2049号民事判决书。

的规定。[①] 其中，令笔者感兴趣也值得关注的是在此类案件中司法实践采用何种标准界定和区分隐私与个人信息，[②] 这将会给个人信息中的私密信息之私密性的检验提供直接借鉴。

（一）私密性判断的一般主观标准："不愿为外人知晓"

在"兼职信息泄露案"[③] 中，二审法院在对个人信息是否构成隐私以及能够以隐私权作为请求的基础进行认定时，主要考虑的是"不愿为外界所知晓"这个标准，认为"在其他单位兼职情况是其不愿为外人知晓且对其现有工作会造成影响的信息，具有一定的隐私性"，兼职信息和收件地址信息结合起来时，便共同构成了"不愿意为外界所知晓的隐私信息"。

（二）私密性判断的主客观相结合标准："不为外界广泛知悉且也不希望外界广泛知悉"

在"消费者交易信息共享案"[④] 中，法院首先承认了"从客体范围、权利性质、权利内容和保护方式等要素来看，个人信息相关权利与隐私权存在区别，但亦有交叉。个人信息相关权利的主要特点在于个人信息具有可识别性，而隐私权中隐私的主要特点在于其私密性"。法院提出了主客观相结合的私密性检验标准，即认为"对于不为外界广泛知悉且公民本人也并不希望外界广

---

① 张建文：《在尊严性和资源性之间：〈民法典〉时代个人信息私密性检验难题》，《苏州大学学报》（哲学社会科学版）2021年第1期。

② 值得注意的是，在《民法典》生效之前，还有案件不区分隐私权与个人信息，将个人信息纳入隐私权的保护范畴，如在一个涉及疫情防控期间个人信息保护的案件中，法院认为："本案虽处在新冠肺炎疫情这一特殊公共事件发生的非常时期，被告未经相关权威机构授权及原告等名单当事人的同意，且明知侵犯相关当事人隐私的情况下，以'目前是非常时期，没有什么东西比安全和生命更重要''目的在于希望涉及到的群众主动配合官方'为借口擅自将涉及原告姓名、家庭住址、身份证号码、手机号码等个人信息的案涉文章发布在公众平台，侵害了原告的合法权益，应承担相应的侵权责任"，更进一步指出："本案中被告在公众平台发布《重庆已购进口白虾顾客名单》的行为不仅仅是单纯泄露原告个人信息，侵害原告隐私，更是在爆发出'部分进口冻虾外包装检测出新冠病毒'这一公众事件的背景下公开原告等人的购买记录，其行为不但会导致原告个人信息被泄露并被广泛传播，为其人身、财产安全带来巨大安全隐患，还会在新冠肺炎疫情这一人人谈'新冠'色变的特殊时期造成社会公众恐慌，给原告的日常生活造成负面影响，严重影响原告的日常人际交往和正常生活。"参见重庆市渝北区人民法院（2020）渝0112民初24368号民事判决书。但是，在《民法典》生效后，此类案例已经很难遇到了。

③ 参见北京市第三中级人民法院（2020）京03民终字第2049号民事判决书。

④ 参见《北京市海淀区人民法院（2018）京0108民初第13661号民事判决书》。

泛知悉的个人信息，则属于隐私范畴，可以受到隐私权的保护”，在该标准中“不为外界广泛知悉”的表述应属于客观标准，属于事实性也即客观性认定的范畴，因而“对于个人信息中已经对外公布、通过合法渠道可以查阅或者获知的信息不属于隐私的范畴，将无法受到隐私权的保护”；而该句中“公民本人也并不希望外界广泛知悉”的表述则应属于主观标准，而且属于纯粹的个人主观标准，不受“社会一般合理认知”的限制，属于主观性认定的范畴，具有强烈的纯粹的隐私期待色彩。

（三）私密性判断的客观化的主观标准：“社会一般合理认知”限定下的“不愿为他人知晓”

对个人信息中的私密信息之私密性检验来说，最具价值的是“微信读书软件案”，[①] 该案件是司法机关在《民法典》生效之前参考《民法典》第1034条第3款所作出的判决，预示了在《民法典》时代司法机关在个人信息之私密性检验问题上的困境。[②]

该案的裁判观点体现为以下方面：

第一，“不愿为他人知晓”是私密信息的本质性特征之一，“私密信息更强调因信息涉及人格利益而不愿为他人知晓的主观意愿”。

第二，“不愿为他人知晓”的主观意愿应受到“社会一般合理认知”的限制。对该“不愿为他人知晓”的本质性特征施加了“社会一般合理认知”的外部性客观性的限制，防止该主观意愿变为纯粹的个人意愿，要求“该主观意愿不完全取决于隐私诉求这一个体意志，应符合社会一般合理认知”，并且进一步指出“社会一般合理认知”的变动性和复杂性，“社会一般合理认知，可能受到地域、文化传统、法律传统、习惯风俗、经济发展状况、社会普遍价值观等因素的影响”。

第三，私密信息不能等同于个人敏感信息。司法机关认为“个人敏感信息更强调不当利用给信息主体带来的客观风险，该风险包括人身、财产风险”，而“私密信息更强调因信息涉及人格利益而不愿为他人知晓的主观意愿”，因此，“个人敏感信息可能与私密信息存在交叉，但不能概括地等同为私密信息”。

第四，私密信息认定的实践目的在于个人信息的差别保护。“如果把所有

① 参见北京互联网法院（2019）京0491民初第16142号民事判决书。

② 张建文：《在尊严性和资源性之间：〈民法典〉时代个人信息私密性检验难题》，《苏州大学学报》（哲学社会科学版）2021年第1期。

与公共事务无关的私人领域信息都纳入隐私范畴，给予绝对权保护，不利于正常的信息利用及流通，因此应对个人信息进行相对合理的层级划分”。对“划入隐私的个人信息，应强调其私密性，进而与其他层级的个人信息在收集、存储、适用、加工、传输、提供、公开等方面形成相区别的授权同意规范、技术安全规范、信息处理规范等”，而“对于其他信息，信息处理者可以依法进行利用，进而可以通过加强科技研发、资金投入，为广大用户提供丰富、高质、价格低廉的互联网产品，或更好地维护公共利益”。由此可以清晰地看到“私密信息”规则的实践目的和意图，那就是降低并放松甚至放弃对私密信息之外的个人信息的保护。更令人惊奇的是，在这里法院含混地提出“依法进行利用”等表述，实际上是为超越《民法典》规定的为公共利益合理使用个人信息的范围，而建立裁判上的个人信息合理使用奠定基础。①

第五，结合合理隐私期待与场景理论进行私密性的认识。“符合社会一般合理认知下共识的私密信息”被界定为“有关性取向、性生活、疾病史、未公开的违法犯罪记录等”。新设了“兼具防御性期待及积极利用期待的个人信息”的概念，极其复杂且空泛，最终将“微信好友列表”“读书信息”等个人信息全部认定为非私密信息。

（四）私密性判断的综合标准（场景化标准）

所谓综合标准，其实就是场景化标准，而且场景化标准越来越成为一种时髦的标准，即所谓的“结合法律规定的认定标准，一般社会大众的普遍认知，以及信息的具体运用场景综合进行判断”。在笔者所收集的资料范围内，有三个重要的案例，均采用了所谓的综合标准（场景化标准），而且其所采用的理据和论证方式出奇的一致。

1. “抖音 App 案”

在该案中，法院认为，对私密信息的认定，“可以综合考虑社会一般合理认知以及有无采取相应保密措施等因素进行判断”，② 要求具体考虑场景问题，即“因不同类型人群的隐私偏好不同，且互联网具有开放、互联和共享的特点，在网络环境中对隐私的界定及判断是否构成侵权需要结合具体场景具体分析”，而且进一步提出“如果要求在任何场景下都必须严格征得双重同意，有可能会导致具体场景下利益的失衡”，“数据是数字经济时代重

---

① 在该案中，法院否定“微信好友列表”等个人信息的私密性，认可互联网企业可以把“用户关系数据”“在其关联产品中予以合理利用”。

② 参见北京互联网法院（2019）京 0491 民初第 6694 号民事判决书。

要的生产要素，信息是数据的基础，对个人信息过于绝对化的保护，可能导致个人信息处理和数据利用的成本过高，甚至阻碍信息产业的健康发展。因此，需要再具体应用场景中考察是否存在构成个人信息合理使用的情形”，直接提出了在《民法典》之外的个人信息合理使用制度，认为“在没有对信息主体造成不合理损害的前提下，认定某些个人信息的利用行为可以不必征得信息主体的同意”。这是该案件中司法机关最大胆的举动。

2. “证件照案”

在“原告孙某某与被告北京百度网讯科技有限公司人格权纠纷案”[①] 中，司法机关提出了明确的“综合认定标准”，即“结合法律规定的认定标准，一般社会大众的普遍认知，以及信息的具体运用场景综合进行判断”。法院着重考虑两个因素：

一是强调保护客体的本质性特征，即“从保护客体来看，个人隐私在客观上一般情况下呈现为不为公众所知悉的样态，在主观上权利人也具有不愿为他人知晓的意愿；个人信息指向的内容则更为广泛、更为中性，包含能够识别到特定个体的各种信息，权利人在某些情况下可能存在主动积极使用的情形”，然后又结合该案所涉信息的具体场景，分析认为：“本案中涉及的原告姓名和载有面部肖像的证件照，与私密照片不同，一般情况下，可适用于正常的社交场合，用于个人身份的识别和社会交往。根据原告的陈述，其自行将涉案照片上传于社交网站中，主动向一定范围内的网络用户进行披露，可见，主观上原告并无强烈的将该信息作为隐私进行隐匿的意愿，客观上该信息亦未处于私密状态。因此，涉案信息的属性更接近于在某些场景下支持积极使用的个人信息。”也就是说，在这里，权利人是否具有将相应的信息作为隐私进行隐匿的主观意愿和是否将该信息保持于私密状态的客观状态，成为判断的主要标准。在该司法机关眼中，消极性保密的愿望和行为将成为隐私的基本标志，而积极使用则成为个人信息的基本标志，正是由于权利人在此情况下进行了主动使用，因而被否定了其具有私密信息的特性。

二是强调保护方式的差别，即“从保护方式来看，一般认为个人隐私一经泄露即易导致人格利益受损，故其保护方式更注重消极防御，对他人的行为限制更为严格；个人信息的保护方式则包括消极防御和积极利用，一定情况下容许他人合理、正当的利用，仅在信息处理者不当、过度处理等情形下才引发侵权”。司法机关认为，“本案中，与仅进行消极隐匿不同，涉案信息一般来说可容许人们基于社会交往的需要，在一定范围内通过披露的方式进行积极的

---

① 参见北京互联网法院（2019）京0491民初10989号民事判决书。

正当利用。虽原告主张上述信息泄露会导致滥用、甚至冒用，给其生活带来困扰，但此种损害并非上述信息披露本身所带来的，而是由超出范围和目的的公开，可能增加被非法滥用、引发人身财产损失的风险所致。可见，一般认为，单纯的上述信息泄露本身并不能直接引致人格利益的重大损失，涉案信息保护的关键并非消极的隐匿而是防止滥用，更适于采取个人信息的路径进行保护”。

最终，该司法机关认为：“涉案姓名、照片及其关联关系等信息本身尚不足以构成私密信息，将涉案场景中利用的信息划入个人信息的保护范畴，更符合立法原意和当今网络社会下对上述信息利用的社会普遍认知。因此，本院认定，涉案信息属于个人信息，但不属于个人信息中的私密信息，不构成个人隐私。”

该案件对隐私与个人信息的区分标准的探索与探讨，极具示范性意义，而且也的确影响到了后来不少案件的裁判理由。尽管该案件在区分隐私与个人信息的标准上进行了看似精致的分析，但是，其展示出具体裁判的法官对隐私权本身的理解是偏狭的，并以这种有限且偏狭的理解，来建构隐私与个人信息的本质性区别。这种偏狭体现在将隐私权矮化为仅仅具有消极防御作用的权利，将隐私权的认定局限为必须在主观上具有消极隐匿的愿望和客观上要把隐私保持在私密状态这种两个条件必须具备的情况下。殊不知，隐私权中也有向他人提供的主动利用行为，[①] 隐私权的本质在于“个人自主”，“除去保护一个人的隐私外衣，他就变得透明，因此可被操纵。一个人被操纵的个体，只能听任控制他信息的人支配，而他的自由——通常充其量只是相对的——与控制信息的人给他留出什么性质的选项和替代办法在程度上呈正比”，[②] 因而隐私权之保护重点在于不被随意或非法地公开，并非全无自己主动利用或者提供他人利用之可能。同时，把积极利用作为个人信息的基本标志，一旦发现权利人有主动提供或者使用个人信息的情形，即倾向于认定为个人信息。岂不知，个人信息保护（包括所谓的被遗忘权）本就是在隐私权的地基上成长起来的，同样是

---

① 被告在车内向闺密倾诉自己婚前私生活情况，其中谈到自己的出轨行为及原告性冷淡等涉及原告隐私的问题，法院认为，“本案中，被告将自己的不幸婚姻向自己的闺密倾诉，其目的是为了得到朋友的安慰，并不存在主观故意或恶意中伤原告的心理。虽然，被告与自己的闺密聊到了原告的私生活的事情，但双方的聊天仅在车内一个相对封闭的环境，并不为社会公众所知息，没有向公众曝光或故意公开的主观过错，且该聊天的内容仅是聊天人双方知晓，不存在公然丑化原告人格名誉，也未使原告的社会评价受到降低”，因而不构成侵犯隐私权。参见广西壮族自治区玉林市玉州区人民法院（2021）桂0902民初1643号民事判决书。

② Joseph A. Cannataci, *Privacy and Data Protection Law: International Development and Maltese Perspectives*, Oslo: Norwegian University Press, 1986, p. 60.

为了保护个人信息主体的尊严和人格自主，而非是要被低人一等地要“容许他人合理、正当地利用，仅在信息处理者不当、过度处理等情形下才引发侵权”,[①] 这种做法割裂了隐私与个人信息的内在统一性，极大地降低了个人信息的保护力度。

隐私权的含义是极其广泛的，2016年8月30日联合国一份由隐私权问题特别报告员 Joseph A. Cannataci 提交的名为《隐私权》的报告特别关注了德国对于“信息自决”和隐私保护的理解，认为可以“将隐私权理解为有助人格发展的一项赋能权利”，更倾向于将对私人生活也即隐私的保护范围扩展到“信息存储的其他权利和具体保障、个人数据的获取以及关于私人通信、姓名、人身和道德健全性的规定”,[②] 而在联合国大会人权理事会的隐私权问题特别报告员的报告中，提出要“将隐私作为一项促进个性不受阻碍地自由发展的权利”,[③] 认为对隐私更好的理解为：“将隐私视为一项必不可少的权利，以此实现人格自由且不受阻碍的发展的首要基本权利”,[④] 而且联合国人权理事会也以其决议确认“隐私作为一项对于实现享有尊严的权利以及个人人格自由和不受阻碍地发展来说至关重要的权利”。[⑤] 而个人信息作为“我们自己生成的数据”或者“生成的关于我们的数据”，其具有捕捉我们作为人类个性的能力，正是它能够确认每一个人的能力（识别性），才使得个人信息与人格尊严以及人格自由发展如此紧密地联系起来。因此，从一种较为偏狭的对隐私和个人信息的理解出发，试图清晰且完全地界分隐私与个人信息的意图是否明智，意图在此界分的基础上进行差别性保护（也就是试图割裂二者的内在统一性，给予二者强弱不同的保护）是否有益，更进一步尚须思考提出此等区分与差别保护者所选择的立场是否妥当，并非是毫无疑问的。

3. “裁判文书转载案”[⑥]

在该案中，裁判理由和文字表述与前述案件的裁判理由和文字表述都一

---

① 参见北京市第四中级人民法院（2021）京04民终字71号民事判决书。

② 参见联合国秘书长转递的隐私权问题特别报告员 Joseph A. Cannataci 所提交的《隐私权》（A/71/368），2016年8月。

③ 参见联合国人权理事会《隐私权问题特别报告员的报告》（A/HRC/31/64），2016年12月。

④ 参见联合国秘书长转递的隐私权问题特别报告员 Joseph A. Cannataci 所提交的《隐私权》（A/72/540），2017年10月。

⑤ 参见《联合国人权理事会2017年3月23日第34/7号决议》。

⑥ 参见北京市第四中级人民法院（2021）京04民终字71号民事判决书。

模一样，① 也是从保护客体和保护方式的特殊性进行论证，所得出的结论也一致，即所涉及的信息不构成“个人隐私”。由此，可以看出，在我国司法实践中，综合标准也即场景化标准是目前最具影响的裁判观点，其影响和决定了对于个人信息和隐私的区分标准的选择，值得对该标准投入更多的注意和分析。

三　危险的场景化标准：对私密性检验标准的批判性思考

从前述的引述可以知道，场景化标准，也就是所谓的场景化理论，成为我国司法实践在处理个人信息的私密性检验问题上的热门标准，尽管未必算得上是主流标准，但是这个标准是否就应当作为个人信息的私密性检验的当然标准，仍然是一个值得反思和追问的问题。

（一）《民法典》“个人信息”立法定义的整体性视角与规范性效力

《民法典》第1034条第2款有关“个人信息”的立法定义本身，主要是采用了整体性的视角，将“各种信息”都放置在个人信息可能的定义射程之中，这种所谓的“各种信息”不仅是在形式上涵盖电子方式记录的和其他方式记录的，而且也在内容上涵盖自然人所有可能的方面。② 甚至在匿名化的个人信息在重新具有可识别性时，此类信息也将重新获得个人信息的法律地位并受到相应的保护，正如有学者指出：“将大量的匿名化数据重新整合在一起进行相关性分析，就完全有可能导致特定个人的身份信息被识别从而泄露隐私。”③

---

① 本文所引用的“证件照案”和“裁判文书转载案”两个案件，是由不同的法院在不同的时间由不同的审判庭做出判决的，但是其中在裁判理由和文字表述上的完全一致，不能不令人愕然，也许在这个领域中不存在抄袭之类的学术诚信问题吧。在时间上，“证件照案”在先，是2020年9月10日做出的判决，而“裁判文书转载案”在后，是2021年4月15日做出的，从裁判文书的信息上看，两个审判庭的组成人员也完全不同，很大可能是后者逐字逐句地抄袭前者的裁判理由和文字表述。

② 我国的个人信息的立法定义与欧盟的概念较为接近。正如有学者指出，在个人信息概念界定上，欧盟放弃了以私密性为核心的隐私权界定，采取了看似更加客观的可识别标准，并且在形式上囊括了电子化和非电子化的信息，在内容上也包括了客观的描述性信息和主观性评价，欧盟对于可识别性标准的界定使得几乎所有的信息都有可能成为个人数据。参见齐爱民、张哲《识别与再识别：个人信息的概念界定与立法选择》，《重庆大学学报（社会科学版）》2018年第2期。

③ 程啸：《论大数据时代的个人数据权利》，《中国社会科学》2018年第3期。

该定义的表述方式和立法意图，意味着要把所有与自然人有关的信息，都纳入个人信息识别的范围，这是整体性视角的考虑，不仅意味着对当前的个人信息的识别对象的整体性，而且具有未来性和发展性，为未来的可进一步拓展的自然人生活空间和生活情景中个人信息的识别预留了必要且充分的空间。同时，这种整体主义的视角还意味着对个人信息的认定和保护，没有把个别化考量的要素考虑进去，也没有对个人信息的认定附加个别化考量（如场景化考量等）的额外条件。尽管在该定义的后半句列举了 9 种常见的个人信息的类型，但通常认为，对这 9 种个人信息类型的列举仅仅是例示性的而非规定性的，是开放性的而非封闭性的，可以轻易地在其中增加，只要符合在前半句中规定的本质性标准，即具有“识别特定自然人”之可能性。

这种整体性的以识别功能作为本质性标准的个人信息立法定义，不仅仅是对国内有关个人信息的一般理论性定义和国际上有关个人信息的比较法定义的认可和接受，其本身也是具有规范性的，特别是对于司法机关（以及法官）而言。在司法裁判中，立法定义与法律规范相比，也具有裁判规则的作用，应当被裁判者作为具有约束力的裁判规则所接受，立法定义的规范性来自立法者为保障其相关立法规范的整体性实现，而对相关概念之定义所做的选择，这种选择具有立法性行为本身所具有的官方性和权威性，应当受到裁判者的尊重和依循。

（二）场景化标准本身的个别化视角：碎片化与去隐私化

场景化标准或者理论的提出，最初是试图要承担起作为确认个人信息之标准的重任。在我国的司法实践中，该标准还被寄予并且也的确被作为了确认“个人信息的私密性”存在与否的标准。

在司法实践中，场景化标准本身极其宽泛，简而言之就是“具体问题具体分析”，似乎意蕴着要求法官在具体的个案中要对每个被提出保护要求的个人信息类型，都要逐个地并在集合所谓的场景，首先探讨是否构成个人信息，然后再追问是否构成个人信息中的私密信息。从司法实践的结果上看，以抖音 App 案和微信读书软件案为例，法官均认可了被提出保护要求的个人信息类型，如自然人姓名和手机号码、手机通讯录、社交关系信息、地理位置信息、微信好友列表信息、读书信息等，均具有个人信息的属性，但是，以上个人信息类型均被以所谓的“场景化标准”——结合法律规定的认定标准，一般社会大众的普遍认知，以及信息的具体运用场景综合进行判断，否定了其具有隐私的属性，因而不构成个人信息中的私密信息从而享有隐私权保护之地位，这是极其令人震惊并困惑的。由此，不能不意识到在我国有关隐私的保护处在危机之中，这种危机是由某个没有被言明或者揭示的意图所推动的。①

尽管所谓的场景化标准，也被做了某种貌似完备的形式化工作，但是场景化标准本身仍然是空洞的，其所蕴含的理念仍然是机会性的、碎片化的。机会性意味着场景化标准作为一种检验过程，其可能得出的结果根本不具有可预测性，而且不同的裁判者对所谓的场景的理解不同因而也会构建自己的所谓场景化标准，所以场景化标准本身只是一种描述某种类似行为或者标准的空泛的表述，其本身还没有权威的或者具有优势地位的独特内容。碎片化意味着场景化标准实际上是将“个人信息的私密性”的概念撕碎然后抛弃得无影无踪。从之前的“抖音 App 案”和“微信读书软件案”两个重要案例来看，碎片化所造成的结果就是去隐私化，司法机关对被提出保护请求的那些极端重要的个人信息类型，通过所谓的场景化标准的考量，全部被否定了私密性，这种一边倒的倾向，不能不令人侧目——“我们的正义就像一件肮脏的外衣”。②

场景化标准除了在基本内容上的空泛乃至缺失外，在方法论上所指望的“具体问题具体分析”，还具有个别主义的，也可以说是个别性的要求，这个要求在具体实践中的应用，往往导致了只见树木不见森林。在我国司法实践中，场景化标准本身的个别化视角与个别主义的分析要求，与个人信息立法定义的整体性视角与整体主义的分析要求之间存在对立和矛盾。在我国，场景化标准本身极易被滥用，特别是与司法机关有意识地选择或者无意识地被推到所谓促进互联网产业发展的意图③上时，个人信息中的私密信息保护规则就成为了无法实现和落地的空中楼阁。在我国《民法典》所承袭并强化的隐私权与个人信息区别保护的立法结构下，“个人信息中的私密信息”所残存的为数不多且较为稀薄的保护隐私的可能性就被摧毁殆尽，荡然无存，隐私权和个人信息保护法律制度所意欲保护的人格尊严与人格自由发展的目的必然落空。之所以这样说，并非是危言耸听。因特网普及率较高的国家实际上可以获得数量无限的用户的电话和电子邮件内容，并保存特定网站的因特网活动概况，“因特

---

① “立法未赋予个人信息权益绝对权的地位，而是将其作为一种受保护的民事权益，通过社会行为控制的方式场景化地加以保护。因此，需根据涉案行为对个人信息的具体利用场景、利用方式，考量其是否存在违反法律规定的情形”参见北京互联网法院（2019）京 0491 民初 10989 号民事判决书。

② ［德］魏德士：《法理学》，丁晓春、吴越译，法律出版社 2013 年版，第 1 页。

③ 这种意图可能会被以各种修辞方式加以伪装，如“兼顾隐私保护和信息利用”，蔡培如、王锡锌：《论个人信息保护中的人格保护与经济激励机制》，《比较法研究》2020 年第 1 期。

网不是一个纯粹的公共空间。它是多层私人以及社会和公共领域组成的”。[①] 个人信息的收集和利用，越来越具有强烈的监控色彩[②]和侵入效应，[③] 无论这种监控是私人监控还是公共监控，对于自然人的人格尊严[④]和人格自由发展[⑤]来说，都是极具限制性效应和寒蝉效应的。[⑥]

综上，《民法典》关于个人信息的立法定义，特别是在非列举部分的表述，所强调和针对的是在整体性意义中也就是个人信息相互关联背景中的个人信息的可识别性，而非是个别化视角中具体的单独的孤立的个人信息的可识别性，场景化标准所追求的恰恰是后者。行文至此，令我不得不再次重复一个极其有益的裁判观点：“在大数据时代信息的收集和匹配成本越来越低，原来单个的、孤立的、可以公示的个人信息一旦被收集、提取和综合，就完全可以与特定的个人相匹配，从而形成某一特定个人的详细而准确的整体信息。此时，这些全方位、系统性的整体信息，就不再是单个的可以任意公示的个人信息，

---

① 参见联合国大会文件《在反恐怖主义过程中促进和保护人权与基本自由》（A/69/397），2014年9月。联合国人权理事会隐私权问题特别报告员的报告也指出：“数字技术和智能设备为骚扰和控制他人提供了几乎无限的途径。”参见《隐私权（隐私权问题特别报告员的报告）》（A/HRC/40/63），2019年10月。

② 参见联合国人权事务高级专员办事处报告《增进和保护见解和言论自由权问题特别报告员弗兰克·拉·吕报告》（A/HRC/23/40），2013年4月。

③ 2013年的一份名为《数字时代的隐私权》的联合国大会文件指出：“技术的迅猛发展是世界各地的人都能使用新的信息和通信技术，与此同时也加强了政府、公司和个人进行监控、截获和数据收集的能力”，参见A/RES/68/167。2014年的一份同名文件指出：“非法或任意监控和（或）截取通信以及非法或任意收集个人数据，包括在大规模进行时，均属高度侵扰行为，侵犯了隐私权。”（A/RES/69/166）。联合国人权理事会也对此深感关切，要求考虑讨论增进和保护数字时代的隐私权问题。（A/HRC/DES/25/117）。

④ 正如意大利文艺复兴时期的哲学家皮科极具前瞻性地借神之口对人所说的：“我们没有给你任何固定的位置或专属的形式，也没有给你独特的禀赋，你不受任何限制的约束，你可以按照你的自由选择决定，我已把你交给你的自由选择。……你既不属天也不属地；既非可朽亦非不朽；这样一来，你就是自己尊贵二自由的形塑者，可以把自己塑造成任何你偏爱的形式。”参见郁喆隽《对未来科技的哲学审思》，《书城》2021年第2期。

⑤ 参见联合国人权事务高级专员办事处报告《增进和保护见解和言论自由权问题特别报告员弗兰克·拉·吕报告》（A/HRC/23/40），2013年4月。在该报告中，隐私被解释为“个人理应享有一个自主发展、互动和自由的领域，一个无须同他人产生关联的私人领地，不受国家干预，任何人未经允许不得擅自过度干涉。隐私权还是个人确定谁掌握关于他们的信息以及如何使用这些信息的能力”。

⑥ 参见联合国人权事务高级专员办事处报告《人权理事会关于数字时代隐私权的小组讨论会纪要》（A/HRC/28/39），2014年12月。

这些整体信息一旦被泄露扩散，任何人都将没有自己的私人空间，个人的隐私将遭受巨大威胁，人人将处于惶恐之中。”① 场景化标准本身的空洞性和“一般社会大众的普遍认知”的空泛与不确定性，导致个人信息的私密性的检验问题成为裁判者的任意性纵横驰骋的空间。

四 结论

整体来说，司法实践意识到了《民法典》沿袭《民法总则》所规定的隐私权与个人信息保护的二元结构的存在，也更加自觉地意识到并承担了寻找确认或者判别“个人信息中的私密信息”的私密性之标准的义务和责任，但是，目前所使用的标准仍然是难以令人满意的。

对于笔者而言，始终认为，将隐私权与个人信息保护进行严格的在逻辑上近乎绝对的区分并予以差别性待遇的选择，是一种极其小众化甚至仅具个别性的学术倾向，其一旦经过立法程序上升至权威的全国性立法的规定，就将成为司法机关不得不遵从的裁判规则。司法机关将不得不全力去寻找判别“个人信息中的私密信息”之私密性的标准。遵照这个不易找到而且即使找到也无所裨益的标准的努力将会耗散司法机关在处理此类案件中的大量资源和精力。更为重要的是，这个所谓的个人信息中的私密信息之私密性的区别标准所蕴含的严格区别隐私权与个人信息保护的正当性与必要性，② 并非是自明且当然无异议的，毋宁说，仍然是一个有待确认和证成的问题。③ 正如有宪法学者提出了在国家义务上，个人信息保护具有隐私与个人信息保护的一体两面性，即

---

① 参见北京市第一中级人民法院（2017）京01民终509号民事判决书。

② 不少学者尽管也注意到二者有所分别，但提出要求严格甚或绝对区分二者的保护的观点，仍然是非多数性观点。

③ 以国际人权法上《公民权利和政治权利国际公约》第十七条观之，该条款规定了最为广泛的隐私权的概念，不仅仅涵盖了通常意味上的“任何人之私生活、家庭”，而且将“住宅或通信”以及“名誉和信用”纳入隐私权的含义之中，大大增强了该概念在数字时代的概念空间和可适用性。尤其值得注意的是，人权事务委员会在1988年通过的“第16号一般性意见：第十七条（隐私权）”中，将个人资料明确地列入隐私的保护之中，即“为了使私生活受到最切实的保护，人人都应有权以明白易解的方式确定是否个人资料存放在自动资料档案中，如果是这样，那么有哪些资料，其目的为何。人人也都有权确定哪些公共当局或民间个人或机构控制或可以控制其档案。如果这种档案中有不正确的个人资料，或以违法方式收集或处理，则人人有权要求改正或消除”。笔者认为，提供较为宽泛甚至最广泛的隐私的定义，有助于实现隐私权与个人信息保护立法所要追求的主要目的——“私（转下页）

“国家不仅应履行尊重私人生活、避免干预个人安宁的消极义务，还应通过积极保护，支援个人对抗个人信息处理中尊严减损的风险”。① 另有宪法学者则明确提出了反对区分隐私与个人信息的意见：“一些看似不具有私密性的个人信息，也可能暴露个人的隐私”，“应将个人信息保护建立在隐私利益的基础之上，而非简单地进行隐私与个人信息保护的二分”。②

如果我们认为将隐私与个人信息的保护严格区分并作差别性保护是有必要的，而且如果我们也不满足于抱残守缺的状态，③ 那么追寻更为正确的私密性判断标准的问题，仍然是悬而未决或者悬而未终决的任务。

（接上页）生活不受干扰”。的确，在我国，由于民事立法没有明确规定落实宪法上的公民通信自由与通信秘密权的条款，司法实践就将公民通信自由与通信秘密权的保护，纳入隐私权的范畴之中［吉林省高级人民法院（2015）吉民三知终字第27号民事判决书；北京市第二中级人民法院（2013）二中民初字第10113民事判决书号；辽宁省西丰县人民法院（2017）辽1223民初640号民事判决书；广东省深圳市福田区人民法院（2015）深福法民一初字第7106号民事判决书；北京市丰台区人民法院（2018）京0106民初2934号民事判决书；广西壮族自治区柳州市鱼峰区人民法院（2017）桂0203民初812号民事判决书］，也有将住宅纳入隐私权保护的范畴［参见湖北省武汉市新洲区人民法院（2018）鄂0117刑初177号刑事判决书；广东省江门市中级人民法院（2017）粤07民终2531号民事判决书；河北省邯郸市中级人民法院（2019）冀04民终1088号民事判决书；上海市第二中级人民法院（2017）沪02民终10779号民事判决书；上海市第一中级人民法院（2018）沪01民终257号民事判决书；山西省运城市中级人民法院（2017）晋08民终2863号民事判决书；山东省威海市中级人民法院（2016）鲁10民终744号民事判决书；北京市第一中级人民法院（2016）京01民终2636号民事判决书；上海市第一中级人民法院（2015）沪一中民一（民）终字第3450号民事判决书；上海市第二中级人民法院（2014）沪二中民一（民）终字第335号民事判决书；广东省珠海市中级人民法院（2014）珠中法民一终字第125号民事判决书；广东省广州市中级人民法院（2019）粤01民终4540号民事判决书；北京市第二中级人民法院（2018）京02民终7160号民事判决书；北京市第一中级人民法院（2018）京01民终488号民事判决书；北京市高级人民法院（2017）京民申737号民事裁定书；上海市第一中级人民法院（2011）沪一中民一（民）终字第288号民事判决书；浙江省慈溪市人民法院（2017）浙0282民初13630号民事判决书；大连市西岗区人民法院（2016）辽0203民初1952号民事判决书；上海市徐汇区人民法院（2015）徐民一（民）初字第3430号民事判决书；西华县人民法院（2012）西民初字第1336号民事判决书；天津市津南区人民法院（2019）津0112民初3925号民事判决书；北京市西城区人民法院（2018）京0102民初395号民事判决书；重庆市巴南区人民法院（2016）渝0113民初283号民事判决书］，不失为成功的案例。

① 王锡锌：《个人信息国家保护义务及展开》，《中国法学》2021年第1期。

② 李忠夏：《数字时代隐私权的宪法建构》，《华东政法大学学报》2021年第3期。

③ 尽管法理学安慰我们说：“在人类的共同生活中，人们宁可容忍有问题的、不符合目的的或者根本就是不公正的法律规则的存在，也不愿看到完全失去法律控制（没有法律判断）的状态。”［德］魏德士：《法理学》，丁晓春、吴越译，法律出版社2013年版，第40页。也许普通人尚可容忍这种情形，但是，作为专门的职业化的法学研究者，不能耽于此，止步不前，至少要在理论上探求更正确的也是更正义的解决方案。

Dangerous scenario-based standards: a practical critique of the privacy test for private information

Zhang Jianwen

Abstract: Article 1034, paragraph 3, of the Civil Code imposes on the judiciary the obligation to distinguish private information from personal information in the form of rules of adjudication, which the judiciary is obliged to do its own initiative. In judicial practice, a variety of approaches have been proposed to test the privacy of private information in personal information, the most influential of which is the so-called "scenario-based standard". Thc "scenario-based standard" claims to combine the legal criteria, the general knowledge of the general public, and the specific scenarios of information use. However, it essentially contradicts the holistic perspective and normative effect of the definition of personal information in the Civil Code, and is limited to the individualized perspective pursued by the scenario-based standard itself, which fragments personal information as a holistic concept into specific individual and isolated information, thereby achieving the goal of de-privatizing personal information with a holistic meaning.

Key words: The Civil Code; Personal Information; Private Information; Privacy; Definition of Privacy.

行政法规制：个人信息去识别化的法治支点[*]

汤喆峰　刘　露[**]

摘　要：在个人信息合法转为数据的过程中，去识别化是承上启下的关键环节。为兼顾个人信息保护和数据要素市场繁荣，必须完善我国去识别化法律治理。当前去识别化法律治理已初步形成民法、刑法和行政法互嵌协同的综合机制。由于民刑机制的天然限度和行政规制的独特优势，行政规制应当是去识别化法律治理综合机制的阿基米德支点。但行政立法供给不足、法律关系主体不明和法律实施举措不当等问题致使行政机关不能亦不愿全面履职，行政规制反而沦为短板。因此我国当前去识别化法治建设的关键在于恢复行政规制的支点功能，具体措施包括：加强行政立法供给；优化行政职权配置并分类分级管理相对人；通过改进行政执法手段、增强规制过程化和调整激励机制等方式加强法律实施。

关键词：去识别化；行政规制；个人信息保护；数据产业

引言

近年来随着算力提升，大数据技术得以广泛应用于各种生活场景，智能数字化成为重要发展方向。中共中央国务院《关于构建更加完善的要素市场化配置体制机制的意见》明确提出加快培育数据要素市场，包括个人信息在内的各类数据日益显现其价值。与此同时，侵害个人信息的违法犯罪现象也愈演愈烈，个人信息保护与数据流通利用的张力加剧。个人信息保护和数字经济发

* 本文系重庆邮电大学人才引进项目“网络社会法律治理研究”阶段性成果。

** 汤喆峰，法学博士，重庆邮电大学网络空间安全与信息法学院副教授。刘露，重庆邮电大学网络空间安全与信息法学院硕士研究生。

展虽有扞格但亦各具正当性，关键在于如何兼顾二者。笔者认为，个人信息去识别化为此提供了一条出路。[①] 虽然《个人信息保护法》着墨不多，但去识别化实际上是个人信息合法演变为可用数据的关键转折，它上承个人信息收集和处理，下启数据流通和利用，在现有法律框架与技术背景下占据着至关重要的地位。我国当前去识别化法律治理实践仍处在起步阶段，理论探讨亦甚不充分，多停留于定义甄别层面或仅在其他研究主题中附带论及。笔者抛砖引玉，尝试回答“如何完善我国个人信息去识别化的法律治理”之问题。本文首先分析了我国当前去识别化法律治理的综合机制，并认为行政规制是实现去识别化法治的阿基米德支点。但因存在三层缺失，行政规制反而沦为去识别化法律治理实践中的短板。对这三层缺失的成因、表现和危害的剖析构成了本文的第三部分。在此基础上，第四部分提出具体的针对性建议，希冀行政规制经完善后能够切实发挥法治支点功能，提升去识别化法律治理的总体效果，并最终对我国个人信息保护和数据产业发展有所裨益。

一 去识别化法律治理的综合机制

从现行规范和法律实践来看，我国去识别化法律治理已经初步形成了民法、刑法和行政法互嵌协同的综合治理机制。各法律部门分别具有各自的优势与劣势，其中行政法在去识别化法律体系中占据至关重要的地位。

（一）现有法律治理机制

第一，民法机制。民事主体之间就去识别化可能形成合同或侵权之债：一是信息主体与处理者之间的约定义务。如用户与信息处理者订立合同时，去识别化常构成隐私条款的重要部分。二是信息处理者之间的约定义务。因经营范围差异，信息处理者之间可能存在涉及用户个人信息的交易，如数据买卖合同、服务器租用合同、代为处理数据的委托或承揽合同等。出于合规需要，这些合同也常包含去识别化内容。三是违反法定义务的侵权行为。如行为人与信息主体之间无约定义务，但违反《民法典》维持信息安全的规则，未采取去识别化技术措施并造成损害后果的情形。另从广义角度看，对合法获取的匿名

① 个人信息去识别化包括去标识化和匿名化，前者指个人信息经过处理，使其在不借助额外信息的情况下无法识别特定自然人的过程，后者指个人信息经过处理无法识别特定自然人且不能复原的过程。关于二者在法律性质、地位、调整方式等方面的具体异同，笔者将另著文讨论，此处不赘。

数据进行违法重识别也构成侵权。总体而言，去识别化民法治理仍遵从主体平等、意思自治的基本原则，法律强制性规定仅为补充，如出现违约侵权等失范行为，民事诉讼是权利救济的主要方式。

第二，行政法机制。行政机关有义务执行去识别化相关法律，实践中既包括各种抽象行为，也表现为具体行为。抽象行为广义上包括制定行政法规、行政规章和行政规范性文件等。目前去识别化相关的行政立法数量并不多，针对政务公开、金融、医疗以及互联网大数据等具体领域的规范性文件构成抽象行为的主要形式，可以说在法律与规范性文件之间存在着行政法规和行政规章的规范断层。具体行为的形式则十分多样，行政检查、许可、强制、处罚、约谈、指导和协议等传统措施都可以用于去识别化行政规制。其中，《网络安全法》《个人信息保护法》《治安管理处罚法》《消费者权益保护法》等规范从实体法层面提供了职权依据。如仅在《网络安全法》的规定中，行政机关可以采取的行政强制与处罚就包括责令改正、停业整顿、警告、罚款、没收违法所得、吊销证照等形式。《行政许可法》《行政强制法》《行政处罚法》等法律则对行政规制施加了程序性限定。对行政规制的具体行为不服，相对人可以通过行政复议和诉讼等途径寻求权利救济。

第三，刑法机制。去识别化作为一项中立技术措施还受到刑法调整。2015年《刑法修正案（九）》将非法获取公民个人信息等罪名合并修订为侵犯公民个人信息罪，同时增设了拒不履行信息网络安全管理义务罪和帮助信息网络犯罪活动罪。在认定侵犯公民个人信息罪时，行为人“向他人出售或者提供”的信息是否具有可识别性是必须考量的法定情节。合法收集的信息在“经过处理无法识别特定个人且不能复原”后可以视为合规数据，匿名化处理直接影响该罪成立与否。[①] 认定拒不履行信息网络安全管理义务罪时，网络服务提供者究竟应履行何种义务是犯罪构成中的决定性因素之一。由于实践中构成该罪的数量较少，司法实务的主流观点尚不明确，但从规范分析界定，去识别化应属于《网络安全法》第42条所规定的“技术措施和其他必要措施”。帮助信息网络犯罪活动罪在当前司法适用中数量日增，提供未经去识别化处理的个人信息或给予重识别技术帮助等行为均有可能构成该罪。综上，行为人尽到去识别化义务在理论上应为出罪事由。

（二）行政规制的关键性

在去识别化的法律治理综合机制中，行政规制理应成为整体系统最关键的

① 《关于办理侵犯公民个人信息刑事案件适用法律若干问题的解释》第三条。

支点，原因在于民刑机制的天然限度以及行政规制的独特优势。

第一，民法机制的限度。去识别化民事关系各方主体均恪守自身义务时，民法调整无疑具有诸多优势，然而一旦出现失范行为并产生纠纷时，民事诉讼的短板常使当事人陷于权利救济困境：首先，救济成本高但赔偿金额低。由于个人信息纠纷的特点，当事人更需要专业辅助并付出高昂成本，而填补损失的民事赔偿原则、权利人实际损失的证明困难、个人信息的人格权属性以及格式合同的不利条款等因素限制了赔偿金额，[①] 故存在成本与收益失衡的问题。实际上立法者也已注意到这一点并冀以公益诉讼解决，但效果并不明显。[②] 其次，侵害行为发生易但发现难。技术优势降低了失范行为的难度和成本，技术劣势将用户认知局限于交互界面，个人信息如何获取、存储、加工和交易往往处于"算法黑箱"中。受害人在危害结果出现后才有可能知晓违约或侵权行为确已发生。不断加长的数据产业链和越发复杂的信息收集与流转方式，甚至使得信息泄露后也难以确定责任人。[③] 再次，双方主体事实地位悬殊。数字产业发展至今已经催生出一批具有深刻影响的巨型商业组织，以至于有学者主张以"准公权力"理念对其加以法律限制。[④] 即便是违约或侵权人是普通企业，在经济和技术方面也多优于受害者。因此双方虽然是平等的民事主体，但事实地位悬殊。可见对去识别化纠纷的当事人而言，民事诉讼绝非权利救济的坦途。

第二，刑法机制的限度。刑法既不可能亦不应当成为去识别化法律治理的主要手段。理由有四：首先，以刑法为主要治理手段违反比例原则。严厉性决定了刑法仅适用于犯罪行为，而去识别化法律秩序的构建在多数情形下并不涉及违法或犯罪行为，运用刑罚不符合适当性原则。即使行为人确系违法，其中

---

① 冉克平：《论个人生物识别信息及其法律保护》，《社会科学辑刊》2020 年第 6 期。

② 被告人周某将非法获取的公民个人信息 103791 条用于微信实名认证等方式后出售给他人，构成侵犯公民个人信息罪，被判处有期徒刑三年，并处罚金 1 万元；追缴违法所得 2 万元；没收随案移送的作案工具。后四川省自贡市人民检察院作为公益诉讼起诉人对周某提起民事诉讼，法院判决结果为：（1）在国家级媒体上向社会公众发布赔礼道歉声明，（2）向公益诉讼起诉人四川省自贡市人民检察院指定的财政专账交纳社会公共利益损害赔偿款 2 万元，专门用于公益事项支出。见《公益诉讼起诉人四川省自贡市人民检察院与被告周光前人格权纠纷民事公益诉讼一审民事判决书》，（2020）川 03 民初 16 号，中国裁判文书网（https://wenshu.court.gov.cn/website/wenshu/181107ANFZ0BXSK4/index.html?docId=9b04cf39238d48968771ac9101415134）。

③ 张力、黄鑫：《大数据背景下个人信息保护的公私法衔接》，《重庆邮电大学学报》（社会科学版）2021 年第 1 期。

④ 郭哲：《反思算法权力》，《法学评论》2020 年第 6 期。

构成犯罪者亦仅为极少数，滥用刑罚违反必要性与均衡性原则。其次，刑法的调整手段过于单一。为保障公民合法权利，刑法在实体与程序方面均严格控制公权力，致使其手段缺乏灵活性和多样性，面对去识别化事务的多层级、多阶段和多元化法律治理需求，不免时常陷入方枘圆凿的困境。再次，刑法主要是事后调整。虽然刑法也有教育功能和预防作用，但无罪推定原则决定了具体案件中刑事制裁的事后性，对事前与事中的风险防范和掌控无能为力。最后，刑法应有谦抑性。过于倚重刑罚不仅不符合中国特色社会主义法治的基本理念，也不利于数据产业及相关技术的发展。事实上，刑事责任已经成为高悬于数据产业头顶的达摩克利斯之剑，以至于“任何让数据流动或二次使用的行为都可能面临刑事追究的风险”。①

第三，行政规制的优势。首先，行政规制的强制程度介于民刑之间。对处在民事失范和犯罪之间各种危害程度不同的违法行为，民法力有不逮而刑法过犹不及，行政法的强制程度适宜达致不同法律关系主体的法益平衡，既能有效实现法律目的，又不违背比例原则。其次，行政规制更加契合治理需求。行政规制相较于民事诉讼具有积极性，能主动构建去识别化法律秩序，降低权利救济成本。相比刑法的制裁手段，行政规制更加灵活多样，既有行政检查、强制、处罚等强制性手段，又可以采取行政协议、指导、约谈等柔性措施，尤其有利于在相关法律制度尚不十分完备的情形下实现治理目的。再次，行政规制能调动更加丰沛的治理资源。民法与刑法治理最终都须经由司法程序，行政机关相对于司法机关在人财物方面的资源优势能够转化为治理优势。复次，行政规制有助于实现技术治理。法律治理在数字时代必须结合技术治理。行政部门是与技术行业关联最紧密的公权力机关，它不仅承担着日常检查监督、制定技术标准、引领行业发展等任务，还可以灵活运用公私合作等多种方式提升自身的技术水平。因此行政规制是实现法律与技术相融合的最佳突破口。最后，行政规制能够对民法和刑法治理起到支撑和承接作用。公法介入能够弥补私法的不足，② 行政规制不仅可以对部分民事失范行为直接追究行政法责任，而且可以运用行政优越权帮助民事主体事前构筑预期、事中调查取证以及事后执行裁判。行政规制同样可以承接刑法，制裁尚不构成犯罪的违法行为，既契合罚过相当原则，又有助于构建良好的法律秩序以预防犯罪。可见，行政规制的优势恰能弥补民法和刑法机制存在天然限度。

---

① 劳东燕：《个人数据的刑法保护模式》，《比较法研究》2020年第5期。

② 张力、黄鑫：《大数据背景下个人信息保护的公私法衔接》，《重庆邮电大学学报》（社会科学版）2021年第1期。

综上，在去识别化的法律治理综合机制中，行政规制的功能并不局限于行政法层面。有效的行政规制不仅能构建良好的行政法秩序，而且有助于提升民法实效和预防犯罪发生，堪称去识别化法律体系持续高效运转的阿基米德支点。一旦行政规制不能提供有力支撑，去识别化法律治理必将陷入泥淖，即便拥有完美的民刑机制亦于事无补。因此无论一国如何设计去识别化法律制度，行政规制都必然成为其中最关键的部分。如欧盟虽也强调司法救济，但主要还是以行政监管来实现法律目的。[①] 然而我国当前实践却越来越注重运用刑事手段，其原因表面上是对犯罪行为日渐加剧的直接回应，实际根源却在于“民事和行政等部门法律保护力度明显不足”。[②] 质言之，尽管民法因前述自身限度而不可能成为去识别化法律治理的主要进路，但其治理实效必将随着《民法典》对个人信息权益的重视逐步提升。[③] 相比之下，行政规制不仅未能发挥其独特优势来支撑去识别化法律体系的高效运转，反而正在沦为决定木桶水位的最短板。也正是行政规制弱化在很大程度上加剧了行为人失范乃至犯罪的猖獗，刑事化倾向作为权宜之计确能收到立竿见影的效果，但显然不是治本之道。笔者认为，我国去识别化法律治理回归正轨的唯一路径是在充分发挥行政规制的支点功能基础上，辅以民法与刑法治理。如果将降低行政规制的优先级，寄望于私法自治或重刑主义实际上都是舍本求末。所以关键的问题是：为什么我国去识别化行政规制会从应然上的阿基米德支点沦为实然中的阿喀琉斯脚踵？

二　去识别化行政规制的三层缺失

行政规制出现弱化的原因在于行政权未能充分和有效运行，具体表现为三个层面：行政立法供给不足、法律关系主体不清和法律实施举措不当。

（一）行政立法供给不足

法律治理不应局限于狭义法律。立法存在滞后性，且为确保法律的科学性，仓促立法并不可取，故立法克制系立法权裁量而非不作为。可以预见，在未来较长时间内立法机关仍不会对去识别化进行系统性规定。行政作为实现法

① 高富平：《个人信息保护：从个人控制到社会控制》，《法学研究》2018年第3期。
② 张勇：《个人信息去识别化的刑法应对》，《国家检察官学院学报》2018年第4期。
③ 程啸：《为个人生物识别信息打造法律保护盾》，《人民论坛》2020年第24期。

律目的和公共利益的手段，不等于机械地执行法律，不应以立法空白为由对实践中已经凸显的问题熟视无睹。申言之，个人信息权益的可保护性在现有法律框架内足以证立，行政机关有保护义务。加快培育数据要素市场系既定政策，行政机关有促进义务。去识别化既是个人信息的处理环节和技术措施，又是数据产业的生产过程和合规前提，加以规制是行政机关不可推卸的职责。所以立法谦抑不应成为行政机关怠于履职的缘由。更何况出于填补法律空白、细化法律规定、积累立法经验和行使管理职权等目的，《立法法》设定了行政立法权。狭义法律不完善时，法治化尤其需要行政立法权的担当。

然而纵观我国去识别化的法制历程，行政立法供给显然有待加强。制定《网络安全法》之前，去识别化虽然尚未进入立法视野，但是研究机构和行业协会已经尝试建立相关规范和标准。[①] 此时行政立法机关拥有广阔的规范形成空间，却忽视了这一问题。《网络安全法》使匿名化成为法律概念，但网络安全基本法显然不宜对此着墨过多。将补充和细化的任务留待行政立法完成既具有学科性，又符合我国长期以来的立法习惯。但相关行政法规至今付之阙如，行政规章亦不多见。较为系统的规定是国家市场监督管理总局和国家标准化管理委员会2019年制定的《个人信息去标识化指南》，但其效力级别过低，不属于行政立法范畴，既难以承接《网络安全法》，又不足以为执法提供效力依据。新制定的《个人信息保护法》也不可能将去识别化作为立法重点内容，行政立法的必要性丝毫没有下降。行政立法供给不足使得执法机关在实践中常陷于有职责却无依据的两难境地，不得不寻求概括性的法律规范或低层级的规范性文件以决定具体行政行为的内容和形式，执法难度与适法风险不言而喻。导致在一些案件中采取不作为、以“柔”代“刚”或移送侦查机关等不恰当的做法，反而成为行政机关眼中最“稳妥”的策略。

（二）法律关系主体不清

围绕去识别化形成的行政法律关系至少包括行政主体和相对人，这两方主体都需要进一步厘清。行政主体方面的主要问题是职权设定不明晰和不科学。在去识别化行政规制的执法模式上，我国一直采取分散模式，所涉部门主要包括公安、网信、工信、市场监督管理、医疗卫生、金融管理等。《个人信息保

---

① 如2013年工信部制定的《电信和互联网用户个人信息保护规定》没有去识别化相关规定，但2014年中国广告协会互动网络分会公布的《中国互联网定向广告用户信息保护行业框架标准》和中国科学技术法学会与北京大学互联网法律中心公布的《互联网企业个人信息保护测评标准》中却已经引入了去识别化技术安全措施。

护法》延续了分散执法模式，规定国家网信部门和依法在各自职责范围内负责个人信息保护和监督管理工作的有关政府部门都是“履行个人信息保护职责的部门”。事实上，随着数字技术逐渐深入日常生活，去识别化的技术运用面也越发广阔，执法主体在未来有可能进一步分散。分散执法模式并不等于规范竞合、职权交叉、管辖冲突、执法混乱和效率低下，但确实对法律的系统性和协调性提出了更高的要求。此外，为消除多头管理所致的权力运行滞涩现象，统筹协调机关也扮演着润滑和纽带的重要角色。一言以蔽之，分散执法模式更加需要科学的制度设计，厘清各部门的职权以构筑监管闭环，并通过统筹协调机关确保权力运行顺畅，而这恰是我国长期以来行政体制改革所欲解决的难题。

在相对人方面，应予明确的问题在于谁才是去识别化行政规制的主要对象。[①]《个人信息保护法》规定去识别化的义务主体是在个人信息处理活动中自主决定处理目的、处理方式的组织、个人。[②] 这几乎囊括了一切有机会接触个人信息的法律主体。但事实上，基于各自的法律性质、事实地位、技术能力和经营范围，不同主体的违法风险及其危害后果存在天壤之别。风险和危害的差异为行政规制提供了分类和分级管理的可能性，因此最经济的做法是将行政资源集中投放于违法风险较大和危害后果较重的行业和企业，先重点规制“关键少数”以奠定法律秩序的良好基本面，再渐次推进有效规制的覆盖度。忽略规制对象的实质性差异，表面上有助于维护法律的普遍性和平等性，实际上却弊大于利：一则，义务主体过于宽泛必然导致行政资源被摊薄，不仅徒增管理监督成本，还可能影响其他职能的履行；二则，对不同主体课以同等法律义务忽略了实质平等，不恰当地加重了部分信息处理者的负担，破坏了成本与收益的均衡性。

（三）法律实施举措不当

第一，执法手段陈旧。去识别化行政规制应当“刚柔并济”和“新旧共举”。刚柔并济指以刚性措施提供强制力后盾，以柔性措施节约成本和提升效率，合理运用二者才能取得更好的规制效果。[③] 然而当前刚性措施并不足以有效预防和制裁违法行为：一则，行政资源与规制对象比例失调，行政监管面不

---

① 周汉华：《个人信息保护的法律定位》，《法商研究》2020年第3期。

② 公权力机关和民法主体的去识别化义务具有不同的法律逻辑和理论脉络，此处对国家机关暂不予讨论。

③ 周汉华：《探索激励相容的个人数据治理之道》，《法学研究》2018年第2期。

得不收窄，致使部分信息处理者的违法机会成本下浮；二则，行政法与刑法衔接不顺畅，法律制裁偏向刑事化，行政法对不构成犯罪的违法行为处罚力度偏低，威慑力弱化。[①] 柔性措施的运用也存在问题，一是经常作为刚性措施法律依据不足时的权宜手段而偏离原初目的。二是在一定程度上缺乏多样性和指引性：形式单一不足以应对多元化的数据模态、相对人和应用场景；内容缺乏指引性包括意思表示不清晰、建议或要求不明确、指导方案泛化等情形，增加了相对人配合的难度和成本，削弱了实效。刚性和柔性措施都属于"旧"的传统行政措施，难以完全弥合与去识别化这一"新"的调整对象之间的技术代差。行政规制本应成为法律治理技术化的突破口，但二者间显然还存在隔阂。行政机关未能充分利用现有技术工具，实现规制措施的数字化和智能化。

第二，过程化不足。笔者认为，可以分为三个层次理解行政规制的过程化不足。首先，数据产业是动态的"生产经营"过程，去识别化是将个人信息"加工"为数据产品的环节。个人信息收集、去识别化处理与数据流通利用等环节所面临的具体问题存在差异性，因而有必要进行区分性规制。当前行政规制笼统地将个人信息的收集、存储、处理、去识别化、利用、交易、出境等各环节混为一谈，实际上并不利于兼顾公民权利保护和数据产业发展。如果忽视这一点，便有可能出现只有在查处非法获取或交易个人信息等案件时，行政机关才注意到去识别化违法行为的现象，这意味着去识别化义务丧失了独立性。其次，去识别化的法律治理是动态过程，行政规制仅为其中一环，应与其他法律治理机制相互衔接协作。但当前实践中行政机关既没有充分发挥行政优越权以支撑民法治理，也未能按照罚过相当原则承接刑法治理，与相对人自治的衔接同样不够顺畅，未形成高效的政企合作，以至于"合作规制"有时成为各方逃避责任的"避风港"。[②] 再次，行政规制本身也是一个动态过程，需构建贯穿于事前、事中和事后的监管闭环。个人信息领域的事前与事中规制尤为重要，因为事后制裁无助于受损的权利恢复完满，有时甚至难以阻却危害结果发生与扩大。[③] 但目前行政规制远未形成监管闭环，针对义务人的事前告知、指导、培训和备案等预防性措施相对较少，检查、评估、报告等事中监督未形成常态化和制度化。行政机关仍更偏向对违法行为发生后的倒查与追责，且其中大部分系可能构成犯罪的严重违法行为而最终走入刑事程序。

① 邓辉：《我国个人信息保护行政监管的立法选择》，《交大法学》2020 年第 2 期。

② 高秦伟：《个人信息保护中的企业隐私政策及政府规制》，《法商研究》2019 年第 2 期。

③ 邓佑文、王文文：《从身份识别到行为识别：个人信息侵权认定的路径选择》，《浙江师范大学学报》（社会科学版）2019 年第 4 期。

第三，激励不充分。激励机制分为正负两个向度，正向激励要求对良好有效的行政规制行为给予肯定性评价与反馈，负向激励则表现为对行政违法和不当行为以及相关人员的监督与追责。实践中基于法律依据欠缺、行政职权责不清晰、规制对象的技术性等因素，去识别化行政规制主体确实面临着执法难度较大、适法性不易掌控、规制效果较差等困难，不易取得明显实效。即便克服前述困难，其成效在短期内反而更有可能表现为相关刑事案件发案率下降或破案率上升，而不能直接与行政考评体系中的量化指标相挂勾。因此当前正向激励机制在一定程度上不足以调动行政机关充分履职的积极性。从负向激励的角度观察，出于公民参与不足、监督行政力度偏弱、考核制度设计缺陷等因素，行政机关的违法和不当行为——尤其是不作为违法、以柔性措施替代行政处罚、以相对人自查替代行政检查等怠于履职的行为——未受到有力监督，反向激励机制难以发挥充分的威慑效力。去识别化行政规制的履职难度与行政机关所受到的正负激励强度之间不成比例，怠于履职便有可能成为特定情形下的优先选项，最终促使行政机关抱持“不求有功但求无过”的消极态度。

三　去识别化行政规制的健全方案

只有扭转行政规制弱化之现状，我国去识别化法律治理综合机制才能走上高效运行的轨道。总体来看，需要通过制度设计保障行政权力充分运行，促进行政机关积极履职且勇于担当。具体而言，则应以强化行政立法供给、廓清主体相关问题以及完善法律实施举措等手段，针对性地补正当前缺失。

（一）强化行政立法供给

第一，加速行政立法。在此，行政立法的重心是行政而非立法。即强调发挥行政立法作为抽象行为在执行法律方面的功能，而不视行政立法为某种顶层制度设计或社会资源分配的立法工作。申言之，首先应适时制定相关行政法规，解决行政职权设定等基本问题。这类行政法规仅作框架性规定即可，主要内容宜留待行政规章细化和补充。其次应鼓励国务院部门和地方政府就去识别化行政规制的具体实施制定行政规章，填充法律和行政法规预留的规则空白。多个主体分别制定行政规章虽然有可能导致规范冲突，但也有利于凸显不同地域、行业和主体的多元化需求，活跃规范和法益的竞争市场，符合我国去识别化法律治理当前所处的阶段。再次应积极开展行政立法后评估和“释改废”工作，根据实施情况修改和剔除不适当的规范，提升行政立法的科学性。最后应促进行政立法成果转化，尤其应借鉴主要监管部门和数据产业发达地区的经验。行政立法成果转化分为纵向与横向：纵向指效力层级更高的法律规范吸收低层级行政立法的成果，横向指部门规章和地方政府规章在部门和地域的适用范围扩张。纵向与横向的成果转化对我国未来构建统一的去识别化法律体系极有助益。

第二，重视规范性文件。规范性文件虽不属于行政立法，但能积累行政立法经验且有助于规则下沉。具体应从以下几方面着手：首先，鼓励行政机关、行业组织和个人信息保护组织等积极制定行政规范性文件、行业标准、技术规范。无论法律效力如何，这些规范在事实上都能缓解行政规制法律依据不足的窘迫现状。如在我国，究竟采取何种技术措施以实现不同程度的去识别化效果，相对人、行政机关乃至司法裁判都可以参照《个人信息去标识化指南》。又如美国数字广告联盟和欧洲数字互动广告联盟等行业组织，针对精准广告所设计的择入和择出机制，也取得了良好效果。其次，应着重提升规范性文件的可操作性，实现内容详尽、形式规范、标准明确、技术路线可靠、易于复制推广以及实施成本低廉等目标。具体可以灵活采用指南指引、目录清单、标准化和样本化文本等形式，弥补法律和行政立法在概括性和技术性方面的不足，否则便丧失了实用价值。以 2021 年 4 月全国信息安全标准化技术委员会发布的《个人信息去标识化效果分级评估规范（征求意见稿）》为例，不仅规定了去标识化、标识符、完全公开共享等 14 个术语和定义，而且将去标识化效果分为四个级别，同时明确了评定流程、风险计算方法、示例等问题，具备较强的可操作性。再次，通过规范清理工作和司法救济程序等多种途径审查规范性文件的合法性和科学性。最后，推动规范性文件的优质内容向上转化为法律、法规和规章，以及向下转化为相对人自我规制的内部章程。

（二）廓清主体相关问题

在行政主体方面，统一执法模式并非行政规制的充要条件。事实上，分散与统一两种执法模式在域外也是同时并存的。就我国而言，当前更加稳妥和务实的做法是延续分散执法模式并加以完善：首先，应明确各行政机关的法定职权。即对各部门现有职权责重新梳理和整合，并以明文规定审查许可、检查调查、调处命令、强制处罚等具体行政行为的实施主体。为明确职权分配和便于公众监督，还应按照《中共中央关于全面推进依法治国若干重大问题的决定》的精神，制定动态的权力清单和责任清单并予以政府信息公开。其次，厘清网信部门因执法主体和统筹协调部门多重角色导致的定位混乱。目前较宜先强化其统筹协调制度功能以消除分散执法模式下常见的推诿扯皮现象，而不是过多过快赋予其执法权，否则多头治理的弊端不仅难以革除反而有可能加剧。再次，适时采纳统一执法模式或执法权相对集中。统一执法模式确有优势，[①] 尤其在处理跨境数据所涉及的主权、安全等事项时效率更高。待我国去识别化行政规制基本成熟后，可以考虑将网信部门逐步调整为个人信息和数据产业的主管或执法权相对集中的部门。

在相对人方面，较宜根据不同相对人的违法风险及其危害后果进行分类分级管理。申言之，先进行定性分析，即依其法律性质和业务类型将相对人分为以下五类：①数据流通平台；②数据处理和流通企业；③去识别化技术研发和服务企业；④其他营利性组织；⑤非营利性组织。前三者应课以严格的去识别化义务，后二类虽然在营运过程中也可能涉及一定数量的个人信息，但因其不以之为赢利手段，课以宽松义务即可。再进行定量分析，即综合考虑所涉数据的信息主体数量、敏感程度、经济价值、是否出境等因素进行评级，将每类相对人划分为重点、普通和适度等规制级别。然后根据分类分级结果制定相对人权利义务和行政规制措施的细化量表。如相对人权利义务包括告知义务、征得用户同意、分开存储或去标识符的技术措施、禁止数据流通或再流通、禁止重识别、风险评估与报告等义务；行政规制措施分为必要措施和可选措施，如行政许可或备案、定期或不定期检查、强制报告制度、委托第三方检测等。量表化的分类分级管理既有助于相对人明确自身义务及其履行方式，也有利于行政措施的透明度和一致性，进而降低守法和执法成本，提升规制效率。最后，还应根据相对人的法律性质、业务内容、内部自治情况、行政检查结果等指示对量表进行动态管理，及时调整相应的权利义务和规制措施。

（三）修正法律实施举措

第一，完善行政执法手段。首先，强化行政规制的威慑力度。规制以强制力为后盾，实效以威慑力为前提。当前域外行政规制已显现出日趋严格的趋势。以罚款为例，GDPR 规定对企业的行政罚款最高可达 2000 万欧元或其上一年度全球营业额的 4%。2018 年美国联邦贸易委员会对脸书公司 50 亿美元的罚款相当于其上一年度全球营业额的 9%，严苛程度较 GDPR 有过之而无不及。[②] 从新近几部法律文件观察，我国也开始逐步提升行政规制威慑力度，如《数据安全法》将特定违法行为的罚款上限升至 1000 万元，《个人信息保护

① 付微明：《个人生物识别信息的法律保护模式与中国选择》，《华东政法大学学报》2019 年第 6 期。

② 周汉华：《网络法治的强度、灰度与维度》，《法制与社会发展》2019 年第 6 期。

法》和《深圳经济特区数据条例》规定的罚款金额更可高达5000万元。但相比于域外，我国还存在进一步强化威慑力度的空间。其次，优化行政规制的柔性措施。一方面要提升其形式多样性，不仅鼓励行政机关灵活运用诸如约谈、协议、奖励、指导等现有手段，更应允许其在法定框架内创新柔性措施形式；另一方面应增强其内容指引性，即行政机关的意思表示应清晰、明确和具体，禁止将柔性措施作为怠于履职的掩盖手段，也要防止以柔性措施之名行强制甚或处罚之实。再次，提高行政规制的技术水平。除通过引入专业人才、委托专业组织或政府采购等传统方式获取技术支持，还可以直接将信息技术运用于执法过程，如通过去识别化效果检测工具辅助行政检查工作、建立分类分级量表智能管理系统以实现自动监测等。

第二，实现规制的过程化。首先，区分数据产业的各阶段，聚焦去识别化监管。明确行政规制对象为合法收集、存储和利用个人信息的数据处理者，监管内容为去识别化义务人履行义务的状况。在执法过程中尽量剥离个人信息收集端与数据流通利用端，避免去识别化义务被不恰当地吸收或竞合从而失去法律上的独立性，逸出实质监管。其次，促进多种法律治理机制相互衔接。申言之，衔接民法治理要求行政机关加强公众参与和信息公开，依便民原则帮助具有正当诉求的民事主体。承接刑法既要禁止行政机关怠于履职以预防违法行为恶化为犯罪，又要杜绝将行政违法刑事化的过度倾向。为打通各法律部门对受害人权利救济的隔阂，还应充分运用《个人信息保护法》规定的公益诉讼制度。[①] 行政机关外部规制与相对人内部自治的协作也很重要。场景分析、风险评估和立法框架化等理念近年来在国内外都颇受重视，[②] 原因即在于法律理论与实践尚不成熟，对相关行为缺乏抽象化和类型化的能力，不得不依赖于个案判断和相对人配合。故在当前情况中，有必要调动相对人参与治理的积极性，逐步实现合作共治。[③] 再次，构建行政监管闭环。事后监管可以经由强化行政规制威慑力逐步完善，故构建监管闭的环重点在于健全事前与事中环节，当前可以引入具体措施包括：拟定相对人权利义务清单；建立针对少数特殊相对人的资质审查或备案制度；引入重大技术实施前的监管部门建议及多方协商程

---

① 王文华、李东方：《构建个人信息保护公益诉讼制度》，《检察日报》2020年11月2日第3版。

② 2012年英国信息专员办公室发布了《匿名化：数据保护风险管理实践准则》，2015年美国《消费者隐私权利法案（草案）》等。参见张建文、程海玲《"破碎的隐私承诺"之防范：匿名化处理再识别风险法律规则研究》，《西北民族大学学报》（哲学社会科学版）2020年第3期；范为《大数据时代个人信息保护的路径重构》，《环球法律评论》2016年第5期。

③ 周汉华：《探索激励相容的个人数据治理之道》，《法学研究》2018年第2期。

序；技术实施过程中关键问题及突发情况的强制报备；常态化的例行与专项行政检查；搭建行政主体、相对人和信息主体之间的沟通磋商平台等。

第三，适度调整激励机制。正向激励机制的重点在于促进行政机关履职的积极性，具体调整措施包括提供充足的财政、人员和技术支持，构建科学合理的绩效考评体系等。调整负向激励机制应着重杜绝怠于履职的违法或不当行为，具体措施包括推动信息公开和公众参与、健全受害人检举报案和反馈制度、加强相对人权利救济和监督监察等。鉴于我国去识别化行政规制还处于起步阶段，笔者认为有必要参照2018年中共中央办公厅《关于进一步激励广大干部新时代新担当新作为的意见》中健全容错机制的基本精神，区分性地对待“改革创新探索实验中的失误错误”与“违纪违法行为”，“切实为敢于担当的干部撑腰鼓劲”。即提高行政履职的容错率，针对具有合法目的但因探索性偏差而出现轻度违法或不当时，应赋予行政机关及其工作人员一定程度的免责权。否则，行政机关只有在法律依据充分完善后才可能摆脱动辄得咎的困境，自然无法做出创造性贡献。当然，行政探索的容错机制不应妨碍相对人的合法权利，遭受实际损失的相对人仍有权请求赔偿或补偿。总之，激励机制具有促使行政机关乐于作为、敢于探索、惮于失职的功能。

四　结论

去识别化法律治理是实现个人信息保护和数据产业发展法治化拼图中必不可少的一块。在去识别化法律治理综合机制中，行政规制是至关重要的支点。但我国当前存在行政立法供给不足、法律主体定位不清和法律实施举措不当等问题，导致行政机关既不愿也不能，甚至在一定程度上不敢积极和全面履职。结果是行政规制不仅无力提供支撑，反而沦为短板。对此，实践中的应对表现为法律治理的刑事化转向。然而只要行政规制还存在较大缺失，私法自治或重刑主义的努力都将徒劳无功。因此欲推进去识别化法律治理，必先健全行政规制。欲健全行政规制，关键在于确保行政权力的充分运行，使得行政机关愿为、能为和敢为。为此，首先应当加速推进行政立法和规范性文件，构建更加完善细致的规范体系；其次通过优化行政职权配置和相对人分类分级管理来廓清主体相关问题；最后通过刚柔并济且新旧结合的执法手段、增强规制的过程化和调整激励机制等方式改进法律实施举措。笔者相信，行政规制在这些措施的推动下将逐步回归正轨，我国去识别化法律法治综合机制也将进入新的良性循环。当然，去识别化作为新生事物在未来还会不断引发新的难题，但只要行政规制能够提供有力支撑，行政机关在实践中愿为、能为和敢为，就能以最小代价和最高效率继续推进我国个人信息去识别化的法治建设。

On Administrative Regulation's Function to Personal Information De-identification

Tang Zhefeng　Liu Lu

Abstract: De-identification is a critical link between personal information and data. China's law system of personal information de-identification, which combined by civil law, criminal law as well as administrative law, shall be push forward to benefit both protection of personal information and data industry. Among all kinds of tools, administrative regulation, which should been the "Archimedean fulcrum", is becoming Achilles Heel due to its shortcoming. Therefore, to strengthen administrative regulation of personal information de-identification is the key point.

Key words: Personal Information De-identification; Administrative Regulation; Protection of Personal Information; Data Industry

提供侵入、非法控制计算机信息系统程序、工具行为的刑法规制

屈　佳*

摘　要：提供侵入、非法控制计算机信息系统程序、工具的行为帮助罪犯突破技术壁垒，使得既存的计算机犯罪门槛从有到无，为非法获取信息数据开方便之门，将该共犯行为正犯化具有十分重要的意义。由于本罪构成要件的开放性，在适用本罪时，应遵循刑法解释规则严格缩限本罪的适用，以应对罪状描述的模糊性。“提供”应诠释为出售、交付及赠予。“侵入”包含非法获取之意，属于合理的扩张解释。另外，“侵入”之前也存在前置违法性限制。立足实践，在经济损失认定上，应坚持二元立场，合理划分刑事责任与刑事赔偿范围。

关键词：计算机犯罪；网络犯罪；共犯行为正犯化

知识爆炸式增长以及信息获取渠道增加降低了学习计算机知识的门槛，自学计算机技术的人逐渐增多。部分人怀着违法犯罪的动机学习新技术，催生了新型危害计算机安全的犯罪——提供侵入、非法控制计算机信息系统程序、工具罪。在该罪设立之初，实践中常见的侵入、非法控制计算机信息系统程序是木马程序。目前，随着信息网络产业链不断升级，计算机信息系统程序应用领域更加广阔，扰乱互联网管理秩序的新型不良软件涌入市场。例如，驾校为了帮学员刷课时制作的跑码机、风靡的游戏外挂程序、翻墙软件以及一系列“抢单”“抢红包”外挂。网络空间中甚至存在大量非程序性侵入工具，包括嵌入第三方链接。一般的网络使用者通过点击该链接即可在线播放相关视频官网付费视频或进入外国网站，越过了防火墙和保障措施。制作并使用跑码机作弊是否非法侵入、控制了计算机信息系统？提供 VPN 服务是否避开或者突破计算机信息系统安全保护措施？如何理解嵌入第三方链接非法侵入、控制计算

* 屈佳，浙江大学光华法学院博士研究生。

机信息系统的行为？为白帽子提供程序、工具是否值得刑罚处罚？是否构成本罪？新情况不断涌现，旧条款仍有争议。有必要关注罪名适用过程中具体的理论问题与实践问题，在明确条文与词语的具体含义基础之上，分析现实情况，从根本上解决争议难题，方能更好把控算法风险，保护计算机系统与信息数据的安全，保障数字经济行稳致远。

一　溯源：逐步成型的规范框架

自1997年刑法颁布以来，我国确立了两种计算机信息系统类犯罪，非法侵入计算机信息系统罪和破坏计算机信息系统罪。彼时物资匮乏，计算机作为一种稀缺资源普及度不高。计算机数量少，计算机犯罪数量更少。传统型犯罪仍然是犯罪的中心组成部分。考虑到计算机犯罪在他国领域率先展露出的巨大破坏性，以及我国计算机信息系统逐步建立及互联网产业逐渐发展的情况，《刑法》第285条、第286条应运而生。

时至2009年，计算机进入千家万户，中国网络社会初步建成，新型计算机犯罪得以滋生和发展。修法之际，相关网管部门认为，过去相对简单的计算机犯罪刑事法律体系已无法遏制日趋严重的计算机犯罪趋势，有必要进一步严密刑事法网。从完善实体法入手，进而制定计算机犯罪侦查、证据收集、管辖等事项的具体规范。依据相关立法解读，在《刑法》第285条之后增加之二、之三的具体原因总结如下：第一，破坏计算机系统安全的程序不断增加。第二，犯罪主体呈现泛化趋势。第三，利用上述破坏性程序实施获取信息数据、控制计算机系统的犯罪数量提升。[①] 为回应现实需要，2009年2月《刑法修正案（七）》第9条增设了两类计算机犯罪，即非法获取计算机信息系统数据、非法控制计算机信息系统罪以及提供侵入、非法控制计算机信息系统程序、工具罪。

上述立法解读进一步说明，增设之三规定（提供侵入、非法控制计算机信息系统程序、工具罪）的主要原因是：第一，网络空间中存在大量侵入与获取型程序、工具，而提供专门破坏型程序、工具的情况比较少见。第二，若将其作为共犯处理，又极可能难以达到入罪门槛，从而只能责令行为人承担行政责任。第三，由于计算机犯罪侦查难度大，主犯无法确定，帮助犯更不能定罪处理。第四，具有程序法上的意义，降低审判之间的相互关联，提高计算机

---

① 黄太云：《〈刑法修正案（七）〉解读》，《人民检察》2009年第6期。

犯罪审理效率，降低审理难度。[①] 总的来说，上述立法理由值得肯定。刑法介入的必要性在于，提供侵入、非法控制计算机信息系统程序、工具的行为有着不同于传统帮助犯的特征。换言之，此类帮助行为的帮助次数、帮助程度以及帮助危害都远超传统帮助犯，其影响力甚至超过正犯。实施侵入、非法控制计算机信息系统犯罪需要一定的技术支撑，从而阻隔了部分潜在的计算机犯罪分子。但是，提供侵入、非法控制计算机信息系统程序、工具的罪犯不恰当地使用专业技术知识直接使得计算机犯罪的门槛从有到无。传统意义上的帮助犯不能造成如此巨大的影响。由于无法跨越时空阻隔，传统意义上的帮助犯只能为有限的犯罪提供有限的帮助。而提供侵入、非法控制计算机信息系统程序、工具的帮助能够突破时空阻碍，帮助到不特定多数潜在的犯罪分子。

基于上述规定和本罪的特殊性，以是否对正犯行为存在要求为判断依据，有学者认为提供侵入、非法控制计算机信息系统程序、工具罪是典型的、无限制的正犯化的帮助犯罪。[②] 共同犯罪学说领域可谓百家争鸣，正犯与共犯关系存在严格的共犯从属性说、最小从属性说、共犯部分独立说以及共犯完全独立说等多种学说。共犯理论影响正犯化的帮助犯定性，正犯化的帮助犯也需要共犯理论来证成正犯化的合理性。共犯完全独立说认为共犯不法完全独立于正犯不法，意味着帮助犯本就具有高度独立性。因此，独立成罪的帮助犯应当更具独立性，能否成立犯罪绝对不受制于正犯实际情况。不同于帮助信息网络活动罪定位引发激烈讨论的情形，规范体系内提供侵入、非法控制计算机信息系统程序、工具罪的积极入罪模式不受被帮助方行为的影响，与正犯行为联结不强。本罪也就未陷入帮助犯正犯化类型论战之中，避开了相关共犯理论争议。

上述观点还指出，提供侵入、非法控制计算机信息系统程序、工具罪存在两种入罪方式。也有学者称为提供侵入、非法控制计算机信息系统罪的积极行为模式和消极行为模式。[③] 本罪在类型上的划分绝不是一种文字游戏，而具有相当重要的意义。在后一种入罪模式之中，行为人提供的是具有合法外观的程序、工具。在消极行为模式中，成立本罪不要求罪犯明知提供程序、工具帮助的是犯罪，只要其主观上认识到所帮助的行为违法性。此时，定罪需要考虑被提供人的行为是否属于违法犯罪。一般意义上讲，单纯的帮助行为不受到处

① 黄太云：《〈刑法修正案（七）〉解读》，《人民检察》2009年第6期。

② 于冲：《帮助行为正犯化的类型研究与入罪化思路》，《政法论坛》2016年第4期。

③ 米铁男：《基于法益保护的计算机犯罪体系之重构》，《河南大学学报》（社会科学版）2014年第4期。

罚，只有主犯受到帮助行为促进才值得刑罚处罚。[①] 然而，为计算机犯罪提供程序、工具也可能是一种单纯的帮助行为，却受到刑罚处罚。种种迹象表明，该罪已不再是帮助犯，是一个完全独立的犯罪，不能认为该罪突破了传统帮助犯理论。但是，消极入罪模式是否动摇本罪绝对独立地位仍待商榷。

虽然设立了本罪，但是主要的犯罪构成要件含义仍不明确，计算机犯罪规范体系内仍存在较多空白地带，实践可操作空间过大。于是，2011 年 8 月颁布的《关于办理危害计算机信息系统安全刑事案件应用法律若干问题的解释》（以下简称《解释》）明确了何为专门用于侵入、非法控制计算机信息系统的程序、工具以及情节严重、情节特别严重的标准。2015 年 1 月开始实施的《刑法修正案（九）》扩大了该罪的主体范围，指明单位也是本罪犯罪主体之一。法律更迭之中，提供侵入、非法控制计算机信息系统数据罪入罪门槛、构成要件的具体含义、量刑标准逐渐清晰。

在理论研究方面，针对初步形成的计算机系统犯罪框架，相关学者就计算机犯罪与网络犯罪关系、计算机犯罪未来立法方向以及比较法学研究等角度出发展开了深入研究。已有研究主要站在宏观层面上，对计算机系统犯罪发展方向提出建议，同时探讨了个罪中存在的个别问题。其中，非法侵入计算机信息系统罪和破坏计算机信息系统罪受到的关注更高，以本罪为主的研究不多。有必要结合本罪立法现状、立法背景、特征以及性质，对理论与实践中存在的争议问题开展集中讨论。

二　释义：规范构造下的构成要件内涵

要解决计算机犯罪领域内一些新型犯罪的定罪量刑问题，就要明确本罪具体构成要件的含义。换言之，就是要将刑法作为基本确信，对本罪具体构成要件进行解释。

（一）“提供”的刑法解释学分析

刑法中存在较多以“提供”开头的罪名，如窃取、收买、非法提供信用卡信息罪。在该罪中，“提供”不包含收买之意，但是不代表不包含销售之意。提供的方式主要包括出售、交付、告知、赠予等，将出售理解为一种提供

① ［德］克劳斯·罗克辛：《德国刑法学总论》第一卷，王世洲译，法律出版社 2005 年版。

方式值得肯定。[①] 因此，提供既包括有偿提供，也包括无偿提供。通常来说，收买信用卡信息是为了自己或他人实施其他犯罪，相关信息获得人不会使用该信息用卡信息之后再次出售。信用卡信息具有专有性，即一套信用卡信息无法反复利用。但是，侵入、非法控制计算机信息系统的软件、工具可以轻松再利用，也就使实践中本罪犯罪分子既是购买者又是销售者的情况较常见，提高了本罪传播率与危害性。

有主张认为设立网站、建立通讯群组可以理解为一种广义上的提供，故应对“提供”作缩限解释，使词语范围保持适中。[②] 并进一步指出，为他人违法犯罪活动提供帮助的，一般构成非法利用信息网络罪。若对“提供”进行过于宽泛的理解，就会使概念过广，将其他罪的构成要件涵盖其中。诚然，为他人违法犯罪活动设立网站、建立通讯群组，情节严重的，构成非法利用信息网络罪。[③] 然而，“提供”含义没有过宽，更没有导致本罪涵盖他罪犯罪构成要件。

首先，提供只是限制了给予的方式。只要向特定的人开放获取渠道，就构成提供。为违法犯罪活动设立网站、通讯群组构成何罪取决于侵入、非法控制计算机信息系统程序、工具的含义。部分网站既是实施违法犯罪的平台，也是侵入、非法控制计算机信息系统的端口。例如，上文所述的侵犯他人知识产权的第三方链接，或为他人提供非法翻墙服务的网站。设立的网站可能是侵入、非法控制计算机信息系统的程序与工具，建立的通讯群组却不具有该属性。在实践中，仅仅建立通讯群组难以非法侵入、控制计算机信息系统。建立通讯群组却可以为实行其他违法犯罪活动提供交流平台与实施空间。设立网站可能构成提供侵入、非法控制计算机信息系统程序、工具罪，建立通讯群组则不可能构成本罪。

其次，提供侵入、非法控制计算机信息系统程序、工具罪与非法利用信息网络罪构成交叉竞合，两罪构成要件本就存在重合之处。为实施侵入、非法控制计算机信息系统设立网站的行为是为实施违法犯罪活动设立网站的行为类型之一。违法犯罪活动的内涵广于侵入、非法控制计算机信息系统，非法利用信息网络罪的适用范围也就更广。若设立的网站是侵入、非法控制计算机信息系

① 石奎：《窃取、收买、非法提供信用卡信息罪的刑法分析》，《吉首大学学报》（社会科学版）2014 年第 4 期。

② 许丹等：《开设黑客网站行为的刑法规制》，《中国检察官》2019 年第 4 期。

③ 《刑法》第二百八十七条之一规定，设立用于实施诈骗、传授犯罪方法、制作或者销售违禁物品、管制物品等违法犯罪活动的网站、通讯群组，情节严重的，构成非法利用信息网络罪。

统的端口，同时满足了非法利用信息网络罪和提供侵入、非法控制计算机信息系统程序、工具罪的构成要件，法条竞合，从一重罪论处即可。

因此，不应一概认为为违法犯罪活动设立网站一律构成非法利用信息网络罪，也不需要对本罪中“提供”作缩小解释。无论是扩大解释还是缩小解释，本质上都是对于预测可能性、词语原义的冲击，在适用上应坚持合理必要原则。

（二）“侵入、非法控制”的实质内涵

1. 扩张“侵入”内涵的正当性辨正

在古某、李某提供侵入计算机信息系统工具一案中，[①] 两名被告人编写计算机程序套取天翼公司营销资金。根据案情简介，无法看出该案两名被告人实施了非法获取天翼公司系统数据的行为。但是，在裁判理由部分，法院指出《刑法》第285条第3款中的“侵入”应理解为包括“侵入”与“非法获取计算机信息系统数据”两种行为模式。换言之，提供非法获取计算机信息系统数据程序、工具的行为构成提供侵入计算机信息系统程序、工具罪。理论上，有观点强调提供非法获取计算机信息系统数据、破坏计算机信息系统程序、工具的，同样有入罪的必要，不应区别对待。[②]

在我国语境中，侵入有两层含义，一是使用暴力强行进入一国领土内，二是外来或有害的事物进入内部。[③] 从文义上看，侵入没有获取的意思。法院之所以将本罪中的“侵入”作扩大解释，是由于《解释》第2条将专门用于侵入、非法控制计算机信息系统的程序、工具解释为具有未经授权、超越授权获取计算机信息系统数据功能的程序、工具。法院对“侵入”所进行的扩张解释能否经得起理论与实践的检验有待讨论。

对“侵入”进行扩张解释的做法似乎能够在《刑法》第285条第2款的规定之中找到一定依据。该款将非法获取计算机信息系统数据、非法控制计算机信息系统规定在一罪中。该罪后一种入罪模式的帮助犯能够单独构成犯罪，那么前一种入罪模式的帮助犯也可以独立化。然而，这种理解违背了日常坚守的罪刑法定原则。该案中法院通过扩大解释，回避了计算机系统犯罪帮助犯独立性判断的司法难题。扩张解释潜藏着超过一般国民预测可能性的风险。从长

---

① 参见上海高院“参考性案例第97号”。

② 解甦甦等：《提供侵入、非法控制计算机信息系统程序、工具罪探析——〈网络犯罪公约〉与我国立法之比较》，《人民司法》2014年第1期。

③ 莫衡等：《当代汉语词典》，上海辞书出版社2001年版。

远计，仍需要寻找其他理由或理论证明将“侵入”解释为“获取”的必要性与合理性。[①] 有必要结合法律解释理论，厘清扩大解释适用条件，证成解释结论的正当性。

在进行具体的法律解释工作之前，首先要明确刑法解释的立场。不同的刑法解释立场，往往会得出解释结论正当与否的不同答案。形式解释捍卫法条主义，主张刑法解释受制于刑法条文或用语的文义。[②] 据此，将本罪中的“侵入”解释为“非法获取”超出了条文可能具有的最大含义，《解释》第 2 条第 1 款规定不妥。实质解释论者突破条文主义桎梏，运用法益论开展法律解释，探知法条所保护的法益内容，借此判断刑法用语或条文的真正含义。[③] 对于实质解释论者，法益是考察某种行为是否构成犯罪时必不可少的重要考量因素。[④] 提供侵入计算机信息系统程序、工具行为的法益侵害性主要来自以下几个方面：其一，此类行为侵害了网络空间的良好秩序与安全，同时损害了国家法益与个人法益。其二，具体而论，由于此类程序、工具可重复利用的特征，重复提供屡见不鲜，增强法益侵害程度。其三，从微观上看，提供行为往往是下游犯罪序章，本罪为潜在或正在施行的其他犯罪提供了具有决定性作用的帮助。其四，提供行为破除了在计算机上实施其他犯罪的技术障碍，使得没有计算机专业技术知识的群体得以实施犯罪。有鉴于此，本罪保护的是计算机信息系统的安全与自主运行。提供非法获取计算机信息系统数据工具侵害的是计算机信息系统数据安全，没有侵害本罪守护的刑法法益。探知本罪微观上的法益并对“侵入”进行解释，无法支持《解释》第 2 条第 1 款规定与古某案审理法院的观点。此时，无论是在形式解释论下，还是处于实质解释论的基本立场，都无法认可“侵入”应当包含非法获取。然而，就宏观层面而言，计算机信息系统数据安全也是计算机系统安全的重要组成部分。提供非法获取计算机信息系统数据程序、工具的行为向社会传播了同非法侵入、非法控制程序性质一致的程序、工具，造成了相似的侵害法益风险，即危害网络社会安全、破坏网络空间管理秩序以及引发下游犯罪。行为性质相似，宏观上法益侵害相同，站在实质解释论的角度，将“侵入”解释为非法获取不是类推解释。

形式解释论与实质解释论之争旷日持久，即使同一解释论内部，解释者所

---

① 杨朝霞：《环境公益诉讼制度的诉因检视：从解释论到立法论——以“生态”与“环境”的辨析为中心》，《中国政法大学学报》2021 年第 5 期。

② 陈兴良：《形式解释论的再宣示》，《中国法学》2010 年第 4 期。

③ 张明楷：《实质解释论的再提倡》，《中国法学》2010 年第 4 期。

④ 张弛：《窃取虚拟财产行为的法益审视》，《政治与法律》2017 年第 8 期。

持立场与主张也是千差万别。有学者在争执之中进行剖析与批判，认为条文是形式与实质统一，主张形式解释与实质解释之分实则是一个伪命题。[①] 只有形而无实是恶法，只有实而无形致法不可知，形式与实质固然是一体。该观点存在值得肯定之处，却仍使刑法解释立场的面目笼罩在浓雾之中。也有学者认为两种立场的争执是有意义的，强调形式解释与实质解释的根本区别在于类推解释与扩大解释的差异。据此分析，国民预测可能性第一维度是刑法，第二维度是一般的善恶观念。[②] 只有基于形式解释与实质解释共同的解释愿景与必须坚守的解释原则，即解释不超过国民预测可能性的双重维度，才有可能使得"侵入"的扩张解释更具合理性。抛开刑法解释立场的争议，通过是否符合解释目标与基本原则来判断解释的正当性更高效、便捷、准确，也足以合理规避较为复杂的立场之争与法益争论。按照国民预测可能性的第二个维度，提供非法获取计算机信息系统数据工具，情节严重的行为遭受刑罚处罚符合国民一般的善恶观。对于制作并销售了数百次非法获取淘宝网个人信息程序的行为，一般国民并不知道对该行为定何罪、判多重刑，只知道这是刑法意义上恶的行为。另外，在实践中，由于信息系统数据具有很强的人身属性和财产属性，提供非法获取信息系统数据程序、工具的行为在日常生活中更常见。因此，"侵入"的扩张解释不仅未超出国民预测可能性，还满足了严厉打击计算机系统犯罪的现实需要。综上，"侵入"含义得以扩张。

计算机系统犯罪的犯罪行为类型可以分为四种：非法侵入、非法控制、非法获取以及破坏。值得注意的是，本罪将前三种计算机系统犯罪行为模式的帮助犯绝对独立化，而将破坏计算机信息系统罪帮助犯排除在独立化之外。由"侵入"扩张解释引发的问题还包括，本罪是不是所有计算机信息系统犯罪帮助犯的正犯化罪名？换言之，提供破坏计算机信息系统程序、工具的行为构成本罪还是破坏计算机信息系统罪的帮助犯？构成上述两个不同罪名的入罪标准和量刑幅度都会有所不同，特别是处罚轻重上的差异最为显著。《刑法》第286条第3款规定，故意制作、传播计算机病毒等破坏性程序，影响计算机系统正常运行，后果严重的，构成破坏计算机信息系统罪。另外，《解释》第5条明确了"计算病毒等破坏性程序"就是破坏计算机信息系统程序，还明确了该词语的具体含义。《解释》第6条紧接着规定《刑法》第286条中"后果严重"是指以下情形：其一，造成二十台以上计算机系统被植入《解释》第5

① 杨兴培：《刑法实质解释论与形式解释论的透析和批评》，《法学家》2013年第1期。

② 吴宗宪等：《网络时代基于现实人图景的"类推解释"与"扩大解释"的界分新路径》，《甘肃政法大学学报》2021年第3期。

条第（2）项、第（3）项规定的程序的。其二，提供计算机病毒等破坏性程序10人次以上的。其三，违法所得五千元以上或者造成经济损失一万元以上的。传播可以认为是一种提供方式。因此，依据《刑法》第286条第3款、《解释》第5条与第6条，提供破坏计算机信息系统程序、工具，后果严重的，构成破坏计算机信息系统罪，不构成提供侵入、非法控制计算机信息系统程序、工具罪。至此，所有的计算机信息系统犯罪帮助犯全部独立成罪得以实现。帮助犯构成主犯罪名的合理性以及是否属于帮助犯独立成罪的新类型有待考察。

2. 前置非法性的具体表现

将前置法违法性作为犯罪构成要件之一，强调无违反行政法不构成犯罪，本罪是典型的行政犯。依据《刑法》第285条第3款规定和相应罪名，可以发现，控制行为之前有非法性限定，而侵入行为之前缺乏非法性限定。与此同时，作为计算机系统犯罪之一，非法侵入计算机信息系统罪中，侵入行为具有非法性限定。本罪中“侵入”是否存在非法性限定以及是否有必要在“侵入”之前增添非法一词等问题亟须得到解答。按照法秩序统一性原理，提供侵入、控制计算机信息系统程序、工具必然要顾及前置行政法。

首先，要明确什么是刑事法意义上的“非法”。我国刑法罪名中存在大量的“非法”。“非法”虽是常见的罪名前缀，却没有条文阐明该用语的具体含义。在刑法语言体系内，“非法”与我国罪名、罪状中同样大量存在的“违反国家规定”“违法”内涵相似。最大差异是，《刑法》第96条具体指明了“违反国家规定”的含义，对危害行为的前置违法性判断参照的规定层级提出了较高的要求，即只有人大及国务院制定的相关法律、法规才能作为依据。那么，“非法”可以等同于“违法”“违反国家规定”吗？值得注意的是，法律本身就是一个含义甚广的词语。相较于内容受限的“违反国家规定”，“非法”“违法”是一个更宽的概念。例如，违反地方法规也是非法的。若是“非法”等同于“违反国家规定”就使其能够具有明确外延。在有些刑法法条中，“非法”等于“违反国家规定”，如非法采款罪。但更多的，“违反有关规定”“违反国家规定”似乎不等于“非法”。例如，《刑法》第342条非法占用农用地罪前文规定，违反土地管理法规，非法占用耕地、林地等农用地。“违反相关规定”与“非法”作为构成了占用农用地罪的两个要件。刑法长期坚持的谦抑主义要求“非法”涵摄范围不宜过宽，否则势必导致提供侵入、非法控制计算机信息系统程序、工具罪适用范围无限扩大。为了保证罪刑责一致，保证本罪适用范围恰当，“非法”外延应得到控制，使“非法”等于“违反国家相关规定”。

总之，我国刑法使用了大量“非法”“违法”“违反国家规定”“违反国家有关规定”的表述，却未明确具体含义。学界关于上述概念的定义争议颇多，例如，侵犯公民个人信息罪，有学者认为“有关”不具有任何实质意义，只是形式上的增添。[①] 反之，有学者主张“国家有关规定”外延大于“国家规定”，包括地方性规定。[②] 围绕上述概念的争论看似过于咬文嚼字，实则不然，法律变更一个字，整个图书馆书籍都可能作废。现有的研究视角多囿于“违反国家规定”的范围，与其他相似词语辨别的研究遭受冷遇。[③] 这提示立法者应在用语上始终保持审慎，也提醒理论界学者关注刑事法中的前置违法性要件的内容。

其次，要确定本罪“侵入”之前是否具有非法性限制。若严格按照条文语义理解，提供合法侵入计算机信息系统程序、工具也能够构成该罪。“合法侵入”并非难以实现，例如，颇受争议的白帽子行为。但是，就罪刑责相一致原则而言，既然侵入计算机信息系统的行为得到允许，提供侵入计算机信息系统程序、工具就没有侵害刑法所保护的法益，也就不值得处以刑罚。司法实践中，公安机关亦不会逮捕提供合法、合理进入计算机信息系统程序和工具的人。法官更不可能对这类行为人定罪量刑，目前不存在这种先例。此外，通过解释，这一严谨性不强的问题能够得以解决，即确定本罪“侵入”之前也有非法性限定。其一，《解释》对专门用于侵入、非法控制计算机信息系统的程序、工具进行了严格限制，此类程序具有不被许可性、危害性、非法操纵性等特征，排除了合法程序、工具。其二，“侵入”意味着进入行为本质上是不正当的，带有贬义色彩。若是正当、合法进入相关计算机信息系统，则不宜以侵入论。甚至，有学者认为按照现代汉语语法习惯，“侵入”本来就含有“非法”之意，这样，罪名前加一个“非法”纯属多余。[④] “合法侵入”一词本身就极具有矛盾性，恐难以成立。最后，情节严重是成立本罪必备的条件，《刑法》第13条规定还限制了入罪门槛，防止处罚不值得处罚的提供行为。

总之，提供侵入、非法控制计算机信息系统程序、工具罪相关刑法条文的严谨性仍有待提升。考虑到在技术上填补漏洞、纠错型人才（白帽子）的存在，也为了保持计算机系统犯罪体系的完整性，有必要在侵入之前作前置违法

① 冀洋：《法益自决权与侵犯公民个人信息罪的司法边界》，《中国法学》2019年第4期。

② 吴允锋等：《侵犯公民个人信息罪的司法适用》，《河南警察学院学报》2017年第2期。

③ 刘德法等：《论空白罪状中的“违反国家规定”》，《法学杂志》2011年第1期；蒋铃：《刑法中“违反国家规定”的理解和适用》，《中国刑事法杂志》2012年第7期。

④ 张丽霞等：《试析非法侵入计算机信息系统罪》，《河北法学》2005年第6期。

性说明。在侵入和控制之前都进行非法性限定是次优解，使本罪与非法侵入计算机信息系统罪在侵入计算机行为的定性上保持一致。在提供之前作非法性限制，将罪名变更为非法提供侵入、控制计算机信息系统程序、工具罪是最优解，将合法交付、赠予的方式排除在外，提升罪名、罪状的合理性与严谨性，从根本上防止善意侵入变成刑法意义上的侵入。

3. 程序与工具的差异和范围

本罪是选择性罪名，意味着构成本罪的罪犯提供的不仅可以是计算机程序，还可以是计算机工具。值得注意的是，在计算机信息系统相关问题研究领域内，大多数计算机工具表现为计算机程序（又称为“计算机软件”）。实践中，本罪犯罪分子提供的多数是计算机程序，特别是游戏外挂。笔者在裁判文书网数据库键入“提供侵入、非法控制计算机”，通过随机抽取获得了2020年、2021年中的100份判例，分析罪因，制成下图（图1）。

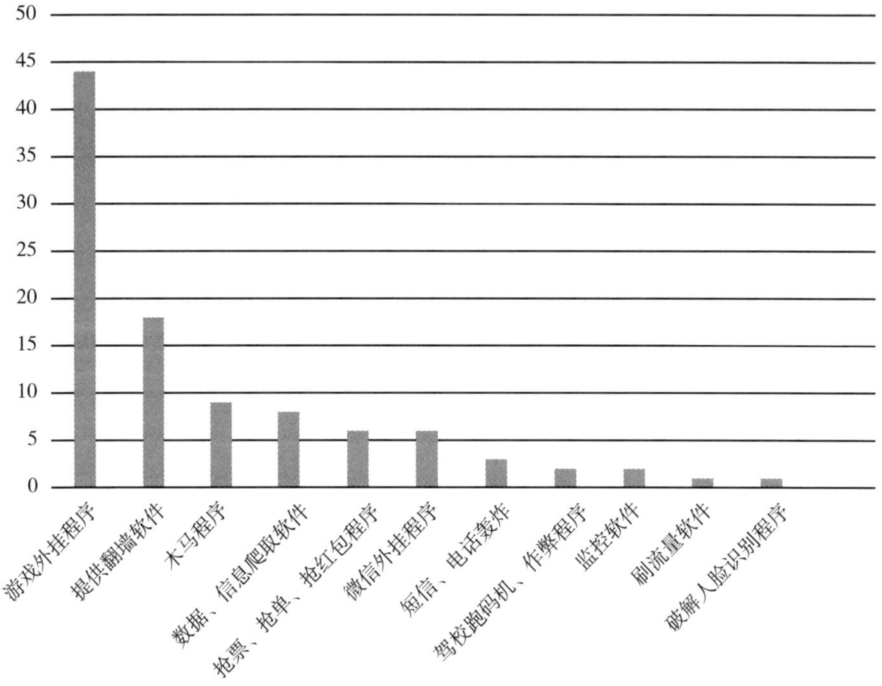

图1　提供侵入、非法控制计算机信息系统程序、工具罪的提供类型

“计算机程序”是相对专业的术语，依据《计算机软件保护条例》第3条的规定，程序是指为了得到某种结果而可以由计算机等具有信息处理能力的装置执行的代码化指令序列，或者可以被自动转换成代码化指令序列的符号化指令序列或者符号化语句序列。然而，计算机与法学研究领域始终没有明确计算机工具含义。

由于专业壁垒，司法实践中，法检双方通常难以确认涉案计算机程序、工具是否属于“专门用于侵入、非法控制计算机信息系统的程序、工具”。此时，法院不可直接行使自由裁量权自行判断，需要移送相关部门或责成检察院开展鉴定。《解释》要求必须送至省级以上相关计算机信息系统安全保护管理工作部门检验。需要关注的是，大量既不是省级以上也不属于相关计算机信息系统安全保护管理工作部门作出的鉴定报告在刑事司法庭审中得到适用。规定因为得不到践行而失去生命力。[①] 与此同时，相关鉴定几乎书写着无一例外的内容：某某软件存在对某某系统的功能和数据进行未授权地获取、增加、修改、干扰行为，属于破坏性程序。[②] 令人感到疑惑的是，鉴定的重点本应当在于程序、工具是否能避开或者突破计算机信息系统安全保护措施、获取计算机信息系统数据与控制计算机，而不在于程序、工具是否属于破坏性程序。并且，按照上文分析，若该程序属于破坏性程序，应当构成破坏计算机信息系统罪。[③] 有必要关注目前实践中关于本罪程序、工具鉴定的不合规现象，并及时进行纠正。另外，由于刑事证明责任不倒置，本罪程序、工具属性的鉴定不宜规定为犯罪嫌疑人、被告人自行申请，启动主体应当是国家机关。判断行为罪与非罪关键在于鉴定结论，应当注重刑事实体法与程序法的有效衔接，使程序正义为实体正义保驾护航。

回到程序、工具的差异性上，范围较窄的“程序”概念使提供侵入、非法控制计算机信息系统链接、密码等行为无法纳入本罪处罚范围。换言之，一方面，上述行为虽然侵犯了本罪所保护的刑法法益，刑法却无力以本罪施加处罚。另一方面，网络游戏行业中存在大量非法提供他人账户密码的行为，严重损害了网络空间安全，亟须得到规制。[④] 嵌入链接以播放侵权作品的行为屡禁不止。只有将上述链接、密码等解释为“计算机信息系统工具”才能解决上述困境。中国计算机学会最新研究指出密码学作为保障网络空间安全的核心与支撑技术，在网络空间安全治理之中扮演着关键角色。探索适应新时期网络空间安全治理需求的密码保护措施是我们面临的重要课题，也是最后保护手段刑

---

① 参见（2021）苏0812刑初34号、（2019）苏01刑终307号。

② 参见（2021）苏08刑终50。

③ 参见（2019）苏0481刑初603号。

④ 解甦甦等：《提供侵入、非法控制计算机信息系统程序、工具罪探析——〈网络犯罪公约〉与我国立法之比较》，《人民司法》2014年第1期。

法所必须应对的新挑战。有学者主张可以将本罪称为“为非法侵入、控制计算机信息系统非法提供程序、工具罪”。[①] 拟定罪名的基本原则之一是简洁，上述罪名却复杂又难以理解。可以在明确“计算机信息系统工具”含义之余，删去罪名中的“程序”一词。同时，在相关司法解释之中将计算机信息系统工具解释为更广泛的概念，如程序、密码、链接、地下论坛、僵尸网络木马等。

4. “计算机信息系统”分类与含义的统一

在古某、李某提供侵入计算机信息系统工具一案[②]中，辩护人提出如下观点：在非法侵入计算机信息系统罪中，计算机信息系统应解释为国家事务、国防建设、尖端科学技术领域的计算机信息系统。那么，采用体系解释的方法，提供侵入、非法控制计算机信息系统程序、工具罪中的计算机信息系统也应当作相同的理解。换言之，提供侵入、非法控制普通的计算机信息系统程序、工具的行为不构成提供侵入、非法控制计算机信息系统程序、工具罪。因此，辩护人强调本案中被告人侵入的是商业开发领域的计算机信息系统，不构成提供侵入计算机信息系统罪。总之，依据古某、李某辩护人的观点，“计算机信息系统”一词应在刑事规范体系内保持一致含义。对“计算机信息系统”具有不同的理解将导致刑法条文之间不能保持协调关系。

依据《刑法》有关条文规定，非法侵入计算机信息系统罪的侵入对象具有特殊性，提供侵入计算机信息系统罪的侵入对象却不具有特殊性。另外，通过分析其他计算机信息系统犯罪的法条，可以得出结论如下：第一，非法侵入计算机信息系统罪中计算机信息系统仅指三类特殊系统。第二，提供侵入、非法控制计算机信息系统程序、工具罪和破坏计算机信息系统罪中计算机信息系统意指所有计算机信息系统。破坏普通商用计算机信息系统造成严重后果的行为应受刑罚处罚。然而，非法侵入普通商用计算机信息系统的行为不构成犯罪，相关行为人只可能承担民事责任或行政责任。第三，非法获取计算机信息系统数据罪、非法控制计算机信息系统罪中计算机信息系统则指向国家事务、国防建设、尖端科学技术领域以外的计算机信息系统。

上述观点的不足之处在于仅就罪名理解犯罪构成要件要素内涵，并未与条文的实际规定结合起来。本案中辩护人认为罪名中存在相同的词语必然使条文具有相同的含义，进而认定所有计算机信息系统犯罪的犯罪对象具有统一性的

---

① 皮勇等：《我国刑法修正案（七）实施后计算机病毒的刑法规制》，《信息网络安全》2009年第9期。

② 参见《（2019）沪0109刑初999号》。

做法，不符合体系解释的目的与适用条件。体系解释旨在贯彻刑法的正义，对于危害不大的事项从轻处罚，对于危害较大的事项加重处罚。刑法将计算机信息系统分为特殊计算机信息系统和普通计算机信息系统。并且，按照计算机信息系统重要程度，结合具体危害方式，设置不同入罪门槛，体现了刑法对公正的追求。若是通过体系解释的方法，模糊特殊计算机信息系统与普通计算机信息系统的差异，与刑法所追求的公正背道而驰。另外，刑法解释方法之间存在一定的位阶关系。① 刑法的解释应当优先维护刑法安定性，优先适用文义解释。罪刑法定原则也要求解释刑法条文或刑法中的某一词语必须严格依据条文的字面意思。而按照条文含义解释，《刑法》第 285 条、第 286 条规定逻辑能够自洽，并无不妥之处。在此情况之下，就不需要用体系解释释明某一条文或词语。例如，之所以将刑法关于诈骗罪的规定与其他财产规定予以比较进行体系解释，主要原因是刑法关于诈骗罪相关客观要件规定不够清晰。但是，《刑法》第 285 条第 3 款明确提供侵入、非法控制计算机信息系统程序、工具罪中的计算机信息系统范围不受限制。只有在条文对某一构成要件规定不明，且上位的解释方法难以发挥应有作用之际，才能适用体系解释，在刑法及其他规定之中寻求支撑。

刑法解释方法位阶论是一种具有争议的理论，不是一项必须遵守的刑法基本原则。在该案中，若对《刑法》第 285 条第 3 款中“计算机信息系统”直接适用体系解释，能否得出《刑法》中的“计算机信息系统”仅指三类特殊系统的结论？首先，必须明确，“计算机信息系统”在《刑法》之中仅有一个表达，不存在同义词。而刑事法律规范中“财物”和“财产”的含义在一定范围内重合。其次，根据《最高人民法院、最高人民检察院关于办理危害计算机信息系统安全刑事案件的解释》（以下简称《解释》）第 11 条，计算机信息系统是指具备自动处理数据功能的系统，包括计算机、网络设备、通信设备、自动化控制设备等。该条款明确了刑法中的“计算机信息系统”具体含义。总的来说，法律对“计算机信息系统”这一概念含义做出了明确规定，还依据重要程度对计算机信息系统进行分类，并设定了不同的保护与制裁措施。从体系解释角度出发，词语含义与条文之间都能够形成自洽。另外，通过体系解释，不能得出与本案中辩护人观点相似的结论。

最后，究竟是相关刑法条文规定不明进而需要运用法律解释方法，还是罪名设计不够合理导致了本案中辩护人的误解？罪名的明确是罪刑法定主义的重要要求。罪名是对条文内容较为准确的概括，也是了解犯罪内涵最直接的途

① 苏彩霞：《刑法解释方法的位阶与运用》，《中国法学》2008 年第 5 期。

径，其重要性不言而喻。例如，《刑法》第280条规定，伪造、变造、买卖或者盗窃、抢夺、毁灭国家机关的公文、证件、印章的构成伪造、变造、买卖国家机关公文、证件、印章罪。第280条的罪名内容与条文内容高度符合，使人们能更好理解该罪的构成要件。若将罪名中的国家机关去掉，并变更为伪造、变造、买卖公文、证件、印章罪，则会使人陷入伪造、变造、买卖一般公文、证件、印章的行为也可能需要承担刑责的错误认识。同理，非法侵入计算机信息系统罪的犯罪对象具有特殊性，这种特殊性也应当在罪名之上有所体现。若将非法侵入计算机信息系统罪变更为非法侵入特定计算机信息系统罪，则会使罪名更加贴切，使计算机系统犯罪各罪之间更好区分、更好理解。在罪名之中用“特定”作为限定词也有先例可循，如《刑法》第273条规定的挪用特定款物罪。

三　分析：影响量刑的主要因素

影响量刑的因素多种多样，包括一些常见的量刑情节和特定的量刑情节。具体而言，影响本罪量刑的最主要因素是“情节严重”。根据《解释》第3条的规定，“情节是否严重”以所提供程序、工具具有的功能对法益侵害的恶劣程度、提供的次数、违法所得数额以及造成的经济损失大小为判断标准。违法所得是有偿提供所获，而经济损失的范围却不太明确。由于本罪属于绝对独立的罪名，为非法侵入提供帮助所获刑罚重于非法侵入所获刑罚不存在不当之处。另外，实践中，类案不同判、刑量梯度缺乏以及罚金刑任意性区间大的问题值得关注。

（一）经济损失的范围

经济损失在我国危害计算机信息系统安全犯罪中被作为衡量是否构成犯罪以及犯罪是否严重，行为人应否受到刑事处罚的决定条件之一。[①] 有研究从比较法角度对比中美关于计算机犯罪中“经济损失”的相关规定，结合两国司法实践，试图构建分析“经济损失”的内涵。依据《解释》的相关规定，危害行为造成经济损失1万元以上是该罪的入罪标准之一。其中“经济损失”包括给用户直接造成的经济损失以及用户为恢复数据、功能而支出的必要费

① 高仕银：《危害计算机信息系统安全犯罪中的“经济损失”——以中美两国的对比分析为视角》，《西南政法大学学报》2021年第4期。

用。通过对比，不难发现，美国刑法规定的损失范围更广，包括以下四个方面：针对计算机犯罪所采取的反应措施的成本、聘请专业人士评估计算机受损而支出的费用、恢复计算机到受损前状态的合理费用以及因计算机受损带来的应有经济收入的流失。并且，我国经济损失的被害人仅限于计算机合法用户，美国计算机刑法经济损失的被害人则不受此限。该研究认为实践中危害计算机信息系统安全犯罪经济损失认定存在三个显著困境，包括被害单位与司法机关认定的数额存在重大差异、司法机关不完全采信被害单位认定事项以及计算机犯罪证据采信标准更高。[①]

结合上述研究，观点一认为为了突破困境，有必要从“给用户直接造成经济损失”和“用户为恢复数据、功能而支出的必要费用”两个方面出发深入分析内涵。最终，该研究认为不同于传统财产犯罪主要强调财物安全，计算机犯罪强调计算机数据信息安全和数据信息产生的财产性利益。“给用户直接造成经济损失”是指实际损失，包括失去的应有经济收入或付出的经济成本和其他因中断服务带来的现实经济价值减损。确定“用户为恢复数据、功能而支出的必要费用”中的恢复与必要比较重要。参考美国法院的做法，恢复就是指恢复原状，必要则是指恢复如初的合理费用。[②] 观点二认为未来可能造成的利益损失，通过恢复数据并采取必要措施避免损失的，都不应当属于计算机犯罪的经济损失。[③] 观点三的支持者则强调经济损失应与破坏计算机信息系统行为具有直接因果关系。[④] 经济损失作为提供侵入、非法控制计算机信息系统程序、工具罪定罪量刑的标准，应仅指提供行为造成的直接经济损失。第三者使用行为人提供的工具实施其他侵犯财产犯罪造成的被害单位经济损失，不能作为本罪定罪量刑的依据。那么直接损失怎么去界定呢？提供工具行为本身是不会造成任何损失的。售卖这种违法的侵入计算机信息系统工具所获利益属于违法所得而不属于造成直接经济损失。在这类案件之中，受损害一方肯定是计算机信息系统供应方，那么这种损失似乎也与被提供者的使用情况相关，使经济损失范围越加难以确定。

---

① 高仕银：《危害计算机信息系统安全犯罪中的“经济损失”——以中美两国的对比分析为视角》，《西南政法大学学报》2021年第4期。

② 孙道萃：《关于〈刑法修正案（十一）〉新增罪名的立法建议》，《青少年犯罪问题》2021年第1期。

③ 参见喻海松《网络犯罪二十讲》，法律出版社2018年版。

④ 吴波等：《怎样理解“后果严重”与“计算机信息系统数据”》，《检察日报》2019年4月19日第3版。

实践中有法院认为，介入因素导致直接因果关系阻断。[①] 在一般的犯罪之中，第三人所造成的损失不应当影响犯罪，否则有违责任主义的基本要求。但是，共同犯罪中，帮助犯的帮助行为直接或间接作用于正犯。正犯与帮助犯之间肯定存在因果关系。那么，在帮助犯正犯化的情况下，正犯所造成的危害严重程度能否影响正犯化的帮助犯定罪量刑呢？我国从犯处罚不必比照主犯，但这并不意味着帮助犯的定罪量刑与主犯行为及危害后果之间毫无因果关系。正是因为主犯与帮助犯之间存在因果关系，才奠定了帮助犯的责任基础。然而，作为一个独立罪名，正犯化的帮助犯与主犯之间的关系发生了变化。但是，不可否认的是，正犯化的帮助犯与主犯行为之间仍然存在事实上的因果关系，能否成立刑法上的因果关系有待进一步讨论。总之，给用户直接造成的经济损失不包括未来可得利益与被提供者所造成的损失。若经济损失数额关乎刑事赔偿，则以恢复计算机信息系统功能与维护用户财产利益为基本坚持，让用户主张在合法合理范围内得到考虑。若经济损失数额认定与定罪量刑有关，则坚持以事实为依据，仅将提供行为所获利益认定为经济损失。被提供者所造成的损失与责任应当由被提供者自行承担。

（二）法定刑结构

1. 理论争议

有学者强调提供侵入、非法控制计算机信息系统程序、工具罪量刑框架不够合理。[②] 因为，从法定刑设置来看，《刑法》第 285 条第 1 款犯罪的最高法定刑为有期徒刑三年，而该条第 3 款的最高法定刑则为有期徒刑七年，为侵入提供帮助的犯罪刑罚居然重于侵入犯罪行为的刑罚。上述观点不合理之处表现在受限于共犯从属性之中，否定了本罪的绝对独立地位。参考共同犯罪相关规定，依据作用力大小，在共同犯罪之中起主要作用的是主犯，起次要作用的是从犯。德国刑法未接受统一正犯原则，而是采取单层区分制。[③] 并且，耶塞克认为，统一的正犯概念将导致量刑标准变得粗糙，排除了对教唆犯和帮助犯减轻处罚的可能性。同时，他强调，帮助的不法内容在任何情况下总是要比正犯

① 详见古某、李某提供侵入计算机信息系统案。

② 叶琦等：《提供侵入计算机信息系统程序、工具罪的“侵入”的理解及量刑标准的把握》，《上海法学研究》集刊 2020 年第 23 卷。

③ 钱叶六：《双层区分制下正犯与共犯的区分》，《法学研究》2012 年第 1 期。

不法内容轻微，对帮助犯的处罚必须参照正犯。[①]《刑法》第 27 条未要求从犯处罚需要比较主犯刑罚，只是认为处罚必须适当的从减免。因此，我国并没有像德国、日本和我国台湾地区一样采取共犯从属性说。另外，提供帮助行为已独立成罪，刑罚轻重裁量也具有独立性。所以，为侵入提供帮助的犯罪刑罚更重并不存在不合理之处。

关于本罪的法定刑，《刑法修正案（七）》采用了“依照前面的规定处罚”的立法方法，这可能导致理解层面产生认识分歧：第一种认识是本罪是简单犯罪构成，行为人实施前述行为，情节严重的，处三年以下有期徒刑、拘役，并处或者单处罚金；第二种认识是本罪是复杂的犯罪构成，具有基本罪和重罪两个构成类型，构成本罪重罪还需满足“情节特别严重”的构成条件，法定刑应为“三年以上七年以下有期徒刑，并处罚金”。前面的规定应当是上一款规定，即《刑法》第 285 条第 2 款。依据上一款规定，本罪是复杂的犯罪构成。最后，我国计算机犯罪是要秉承与国际社会或者其他国家要求朝着扩大化和严厉化的方向发展，还是坚守在自己国情与语境中结合自身需要和特色对计算机犯罪的处罚范围与处罚力度保持适度模式，这一直都是困扰我国刑事立法者和理论界学者的问题。

2. 实践难题

同案不同判实际是一个伪命题，因为实践中没有一模一样的刑事案件。然而，这个伪命题提示人们关注量刑公正。本罪在量刑过程中存在的问题包括：第一，量刑标准不统一，刑罚差异较大。在田某销售“hanbot”“GE”外挂程序一案中，田某获利 9 万元，田某最终被判三年有期徒刑，并处罚金 4 万元。[②] 在裴某等计算机犯罪案之中，裴某等人开发制作了“魔兽世界”的游戏外挂程序，并对外获利 472 万元。最终，裴某被判处有期徒刑三年，缓刑五年，并处罚金 150 万元。[③] 同样是提供游戏外挂，裴某销售量与销售额特别巨大仍获得了缓刑。

第二，罪责与自由刑之间不存在比较明显的梯度。在贩卖“XYZ”外挂卡密案中，谭某贩卖了 256 笔，违法所得金额共计 6212.70 元。王某贩卖了 463 笔，数量 509 个，销售金额 6699.40 元。最终，谭某与王某都被判处了有期徒刑三年、缓刑三年，只是王某罚金少了 1000 元。谭某的成交量是王某

① 参见［德］汉斯·海因里希·耶塞克《德国刑法教科书》，徐久生译，中国法制出版社 2001 年版。

② 参见浙江省临海市人民法院（2021）浙 1082 刑初 124 号刑事判决书。

③ 参见江苏省淮安市清江浦区人民法院（2021）苏 0812 刑初 86 号刑事判决书。

的两倍，这一事实却未对自由刑轻重造成影响。

第三，罚金刑任意性区间大，恣意性远超人身自由刑。路某销售微信外挂，销售4119次，违法所得人民币229501.80元。判处罚金15万元。[①] 让人不禁思考，巨大的罚金数额是依据哪些条文计算所得？与提供人所获收益存在相关性吗？被告人陈晓周购买“1912”库存平台源代码，伙同被告人郭凯、张智涛搭建、运营“松鼠库存系统”平台以侵入iOS系统。经查，平台注册号2093个，累计获利50余万元。[②] 最终，被告人陈某犯被判处有期徒刑三年六个月，并处罚金人民币35000元。本案中，陈某获利额更高，罚金仅上万元。

总之，实践中，刑罚轻重与成交数量、违法所得数额有关，可惜关联性不强。要解决上述难题，关键就是要重视刑罚的裁量。刑事理论与实践总是重定罪，而轻量刑。定罪的标准非常清晰、严格，有关量刑的要求却不多。其次，运用人工智能辅助量刑，保证各法院刑罚的梯度，保障量刑公正与相对统一。

四　结论

体系性思考整部刑法用语的含义、条文之间的关系并使之保持和谐统一是保证刑法解释逻辑通畅的必由之路，也是解决实践争议的科学方法。既然对程序、工具作广义理解，那么嵌入第三方链接非法侵入相关系统的行为也应构成本罪。另外，这类程序、工具主要功能是越过计算机安全保护措施，驾校跑码机与VPN软件显然符合条件。刑事立法、刑事司法虽然没有对网络犯罪帮助行为作“一揽子”入罪化处理。但是，扩大解释、兜底性罪名、不断增加的入罪案例实际上在真正的将计算机犯罪、网络犯罪的帮助犯全部入罪化处理。在别的犯罪领域之中，并未出现这种现象。计算机系统犯罪领域内的这种趋势是否值得肯定有待商榷。最后，由于专有名词的不对称性与当前法学教育培养模式的局限性，法律人才难以精准定性各类计算机犯罪行为。可以预见，未来计算机犯罪会愈加复杂。司法机关可以邀请一些技术类人才对常见、多发的计算机犯罪行为进行分析，并形成指示性文件，以突破司法从业者的技术短板。

---

① 参见吉林省桦甸市人民法院（2020）吉0282刑初255号刑事判决书。

② 参见江苏省徐州市云龙区人民法院（2020）苏0303刑初373号刑事判决书。

Research on the crime of providing intrusion and illegal control of computer system programs and tools

Qu Jia

Abstract: Provide programs and tools for invading and illegally controlling computer information systems to help criminals break through technical barriers, make the existing threshold of computer crime from existence to non existence, and open the door for illegal access to information and data. It is of great significance to make this accomplice Becoming Principal Offender. Due to the openness of the constitutive requirements of this crime, when applying this crime, we should follow the interpretation rules of criminal law and strictly limit the application of this crime in order to deal with the fuzziness of the description of the crime. "Provide" shall be construed as sale, delivery and gift. "Invade" includes the meaning of illegal acquisition, which belongs to a reasonable expansion explanation.

Key words: Computer Crime; Cybercrime; Accomplice Becoming Principal Offender

大数据时代的数据法益与数据犯罪

李　婷*

摘　要： 大数据时代的数据安全不容忽视。数据价值在于其所含内容的特定意义和价值，数据法益应为数据的保密状态和排他性的可用状态。数据具有技术特征和价值特征双重属性，我国立法仅从技术属性出发将数据犯罪与计算机犯罪混同规定，两者应从所侵害数据是否具有独立意义区别。数据犯罪与传统犯罪是交叉重合关系，应首先判断其是否属于传统犯罪范畴，再认定为数据犯罪。

关键词： 大数据时代；数据法益；数据犯罪

大数据时代的到来无疑伴随着风险的攀升，数据安全不仅关切着每个人的权利，更威胁至国家安全，无法预知的风险往往具有更大的侵害性。面对大数据时代的不断推进，数据法益内容到底为何，数据犯罪如何与其他犯罪区隔，需理论研究重点予以关注。

一　数据法益的认定

刑法以法益保护为目的，大数据时代下数据犯罪的认定需以数据法益为指导。数据法益的探析应基于其法益实现方式的特殊性，并结合大数据的时代特性，对于侵害数据法益的行为进行准确认定。

（一）大数据时代下的数据保护

传统认知下，数据是依附于计算机而存在，此时的数据并未规模化存在，且内涵相对狭隘。但大数据时代的到来颠覆了工业界、学术界对传统数据的认

---

* 李婷，山西大同大学法学院教师。

知，也引起了数据获取、存储、挖掘以及可视化等技术的变革，[①] 同时促发了数据犯罪，如典型的山东女孩徐玉玉案件、希拉里邮件泄露事件等，数据犯罪的威胁日益严重。

尽管数据安全问题长期存在，但大数据时代使数据安全问题日趋凸显。这里可通过与传统犯罪模式对比理解大数据时代的数据风险。如上海市青浦区人民法院作出的《（2017）沪0118刑初1310号刑事判决书》中，行为人非法获取中通公司系统中的快递单号并出售牟利，类比相似情形，若电子单号是以纸质形式存于公司保险箱内，行为人对该单号进行拍照窃取并牟利。两种行为的对象皆为单号信息，对公司而言，皆为单号信息被非法利用，前者毋庸置疑属于数据犯罪，但后者可能很难纳入现行刑法的规制范围或尚存争议。两者的主要区别在于手段及程度不同，前者是通过侵入计算机网络获取，后者是通过纸质版信息拍照获取，且由于存储方式不同，计算机存储量远超于传统纸质记载量，也由此导致了前者在数据的获取及后续利用更为便利。两者的行为定性差异，表明大数据时代并未改变数据本身，仅是提高了数据处理及利用的潜在价值，这正是大数据时代所凸显的数据意义，也是大数据时代数据侵害行为犯罪化的原因所在。

通过增加数据规模与革新处理技术，大数据时代极大提升了数据的价值，进而使数据效用和功能日益凸显，也使数据逐渐成为犯罪活动的目标与对象。一方面，现实生活不断泛数据化。随着计算机技术的发展，数据来源由人机互动或信息系统运转向人、机、物三元渠道拓宽，物即物理世界，通过无处不在的传感器和微处理器如监控设备，现实生活日益被以数据化的形式进行收集存储，[②] 海量数据日趋成为刻画与复原生活轨迹、日常活动的重要资源。另一方面，大数据技术体系为数据的存储、处理、计算直至挖掘等不同需求提供了技术支持。如轻型数据库、大型分布式数据库或存储集群平台具备传统纸质化、书面化数据存储模式无法比拟的优势特点，流式处理技术和批量数据处理技术为不同类型的数据处理提供支持，云计算的出现极大满足了对规模数据的计算需求，大数据预处理技术、非向量数据挖掘及分布式大数据挖掘算法等使数据价值得以有效识别与挖掘。

正如上述窃取单号数据案件中，虽表面看似无异，但通过对纸质版数据拍

---

① 彭宇、庞景月等：《大数据：内涵、技术体系与展望》，《电子测量与仪器学报》2015年第4期。

② 武延军：《大数据时代已经来临——人机物融合的大数据时代》，《高科技与产业化》2013年第5期。

照而获取数据等类似行为往往很难达到刑法所要求的数量和程度，在现实生活中发生可能性较小。相反，大数据时代背景使得数据的获取具有量和价值的无限性，通过计算机网络所获取的数据规模和范围远超于纸质版拍照所获取的数据信息，其所达程度是纸质版拍照等非计算机网络手段无法完成甚至不可比拟的，加之大数据技术的存在，可实现对规模化数据的有效挖掘和分析。该种数据犯罪行为的危害性也往往更具现实性和紧迫性，因而，大数据时代下的数据存在保护必要性。

（二）数据法益的内涵探析

1. 数据价值的实现方式

纳入刑法保护所考量的数据，需上升至刑法层面对其价值进行规范评价。犯罪的本质是侵犯法益，刑法的目的是保护法益，[①] 对于数据法益的保护也需从确定其法益内容着手，需立足于数据法益价值实现的特殊方式。《维基百科》将“数据”定义为“载荷或记录信息的物理符号”，其中，数据的核心并非物理符号的外在形式，而在于其所记录的信息，对数据的接收在于对其中信息的接收，对数据背景的解读也是为更准确获取信息。[②] 数据不仅是物理符号，更带有特定的意义和价值，通过整合分析，可以实现对事物、现象背后原因和运作规律的把握，进而指导现实生活，这便是大数据时代数据价值的实现方式。因而数据的价值是间接作用于现实世界，这种作用力随着数据的量和价值的提升而不断强化，将其应用于犯罪活动，无论是现实生活还是网络世界，必然会加大犯罪的侵害程度。

数据的价值实现方式可以概括为：获取—存储—分析及挖掘—以可视化的形式呈现或为用户提供决策信息支持—作用于现实生活。其中，获取、存储、分析、挖掘及提供决策支持皆是直接针对数据本身进行的，当然纳入数据法益范畴之内。但数据价值实现过程的最后阶段，即作用于现实生活，往往与传统法益诸如人身、财产、国家安全等利益相关联，本身虽是数据价值实现的一个环节，但已脱离数据本体而延伸至其他法益领域。这里需要讨论的已不是侵害数据法益的行为，而是通过侵害数据法益侵害其他法益的行为，是数罪并罚抑或仅处罚其他犯罪行为的问题。将其视为手段目的关系，可认定为牵连关系，若强调数据法益的独立性，则进行数罪并罚。在目前大数据背景下，数据安全

---

① 张明楷：《刑法分则的解释原理（第二版）》，中国人民大学出版社 2011 年版，第 349 页。

② 黄升民、刘珊：《“大数据”背景下营销体系的解构与重构》，《现代传播》（中国传媒大学学报）2012 年第 11 期。

问题凸显，利用数据进行传统犯罪的行为越加常态化，究其整个行为，造成现实性的损害即表明数据价值已完全实现，从法益角度出发，对数据法益的侵害行为实质上已经被评价到后续的犯罪行为中，后续的犯罪行为是数据价值实现的最终指向和落脚点，因而，此种情形应直接依照其他犯罪罪名处罚。

以上数据价值实现的各个环节是相互独立的，只要行为人实施上述任何一个针对数据的行为即可构成数据犯罪行为，不要求行为人同时实施上述各行为，也不要求行为人针对同一数据连续实施上述行为。

2. 信息视角下的数据法益

如上所述，数据本身并无意义，“只有被转换为信息后才具有意义”,[①] 刑法的任务是保护法益，法益必须是与利益相关联，当某种状态反映的是人们所需求的一种秩序时，它便是利益。[②] 信息是数据的内容，数据是信息的形式，在大数据时代，无法将数据与信息加以分离而抽象地讨论数据上的权利。[③] 数据的价值实现过程是通过其所含信息予以实现的，对数据的获取即为对信息的获取，对数据符号的感知过程即是对信息的提取过程，两者皆是通过人类认知思维的直观识别，进而作用于现实生活，构成对数据主体的某种特定利益。在法律上“作为信息数字化的形式，电子数据通常与电子信息具有共同的意义，即信息通过数据形式生成、传输和储存，控制数据即掌握了相关信息，在这个意义上数据和信息具有天然的共生性和一致性”。[④] 因而数据和信息不应区别看待，两者价值实现方式具有同一性，价值实现过程具有衔接性，法益内涵具有一致性，刑法保护手段也应相同。如医院的药用处方数据、快递单号数据可同时被视为信息，用户账号和密码数据可同时被视为信息，将两者等同视之不存在刑法法益确定上的障碍，且有助于充分实现对该类法益的保护。

对数据法益的保护可借鉴现阶段我国对信息法益的界定和保护。在刑法已对公民个人信息、商业秘密、国家秘密和情报进行保障的情形下，再次讨论数据法益的单独保障具有必要性，这源于大数据时代背景下我国信息法益保护的不充分性。其一，大数据时代极大扩充了数据的类型与来源，以信息内容指向主体作为划分依据已无法涵盖规模化的数据类型。刑法对公民个人信息、商业秘密、国家秘密和情报中的信息设定条件较高，在内容指向上要求具有明确性，必须在信息已被认定为公民个人信息、商业秘密、国家秘密和情报的基础

① 黄良永、徐雨明：《大学计算机基础教程》，电子科技大学出版社 2008 年版，第 5 页。

② 张明楷：《刑法分则的解释原理（第二版）》，中国人民大学出版社 2011 年版，第 344 页。

③ 程啸：《论大数据时代的个人数据权利》，《中国社会科学》2018 年第 3 期。

④ 梅夏英：《数据的法律属性及其民法定位》，《中国社会科学》2016 年第 9 期。

上，才能进一步判断是否属于该罪所规制的行为；而大数据时代下，行为人所获取的原初的、未经处理分析的信息，往往很难符合上述信息本身的认定要求，无法精准化针对性地实现数据保护。如获取医院处方数据出售给医药代表牟利的行为，由于数据内容不具有“可识别性”，无法认定为侵犯公民个人信息罪，但又的确存在入侵医院系统非法获取信息的行为。其二，信息的规制行为主要表现为窃取、刺探、收买、非法提供（国家秘密和情报）、出售或非法提供、窃取或以其他方式获取（公民个人信息）、获取、使用或者披露（商业秘密），此类规制行为的共性在于强调破坏信息行为的“不被人所知悉的状态”和行为人对信息的利用行为，重点规制未经允许的信息流通行为，而未涉及对信息本身的删改、增加等行为，如信息被恶意篡改，导致信息处理者无法处理或错误处理信息的行为。

因而，对于数据法益独立价值的考量源于大数据时代的现实需要，是为弥补我国目前对信息法益保护的不足。由于数据法益和信息法益具有一致性，对数据法益的探析可借鉴信息法益的观点。目前学界针对公民个人信息法益讨论较多，但对信息法益讨论较少。有学者否认公民个人信息法益是信息自决权而认为是信息专有权，具体包括占有主体对其占有信息所具有的积极处分权与对个人信息的处分权限。[①] 有学者认为公民个人信息法益属性具有多元化特征，包含人身属性、财产属性和社会公共属性。[②] 对于信息法益，有学者认为信息法益包括信息专有权、信息传播权、信息利用权、信息维持权和信息获取权，[③] 有学者认为信息法益是具有信息本质特征的，受法律的保护而形成的权威利益形态，具体包括财产性信息和权利性信息。[④]

将数据法益认为是积极处分权和处分权限，与我国刑法中侵犯公民个人信息罪的行为类型相对应，获取、出售和提供都是对处分权限的侵害，但忽视了对信息完整性、可用性利益的保护；认为数据法益具有人身、财产和社会公共属性，可保障个人的隐私权及其经济价值，同时考虑到社会管理的需要，但这一内涵界定聚焦于数据法益的数据内容，无法对数据犯罪行为提供具体指导。

---

① 敬力嘉：《大数据环境下侵犯公民个人信息罪法益的应然转向》，《法学评论》2018 年第 2 期。

② 高楚南：《刑法视野下公民个人信息法益重析及范围扩充》，《中国刑事法杂志》2019 年第 2 期。

③ 皮勇、黄琰：《试论信息法益的刑法保护》，《广西大学学报》（哲学社会科学版）2011 年第 1 期。

④ 高德胜：《基于信息语境的信息法益的内涵与类型研究》，《东北师大学报》（哲学社会科学版）2012 年第 6 期。

后两者对于数据法益具有其合理性，对数据法益进行专有、传播等的划分可以针对不同类型的犯罪行为如侵入、删改、挖掘等提供刑法规制的具体标准，根据数据法益的内容划分可在兼顾诸如财产、知识产权等传统犯罪的基础上，对数据法益进行全面保护，以上两者皆有助于实现对数据法益的理解与适用。

3. 数据法益的具体内容

其实我国学界对数据法益内涵已开始了针对性探讨。有学者借鉴《欧洲网络犯罪公约》提倡“数据安全”法益的概念，并根据我国《网络安全法》第十条认为刑法意义上的数据法益具体包括数据的保密性、完整性和可用性，[①] 但数据法益并非仅包括“数据安全”，数据利用行为如过度挖掘和恶意滥用等无法涵盖其中，这恰是数据价值实现的关键环节。有学者并未直接定义数据法益，而通过定义“数据犯罪”的概念，从数据行为包括获取、窃听、监控、破坏及过度挖掘、恶意滥用和后果两方面对数据法益进行说明。对数据的获取、窃听、监控和破坏的行为实质上就是对数据保密性、完整性和可用性的侵害，是对数据的直接侵害；过度挖掘、恶意滥用等是无处分权人的数据利用行为，是对数据的间接侵害。以上两种侵害行为中，数据的直接侵害是直接针对数据的行为，而数据的间接侵害中，某些行为如恶意滥用等行为若已涉及数据的下游利用行为，则应依照上文中提到的牵连犯予以规制，因此，为防止司法适用上的混同，此处的数据侵害行为应仅限于针对数据本身所进行的操作行为，包括直接侵害行为和部分间接侵害行为，关于部分间接侵害行为的认定标准，将在下文作具体阐释。

数据法益应作如下定义：是数据主体（包括数据处理者）对数据的保密状态和排他性的可用状态，是主体对数据的安全感和价值确信。保密状态是指数据不为他人所知悉的状态，强调主体通过对获取权限的限制保障其对数据的权利，排他性的可用状态强调数据主体自身拥有的对数据的处分使用权利，以及排除他人对数据的非法使用和利用行为。结合数据的价值实现方式，数据的可用状态是数据法益内容的核心，保密状态和排他性皆是为保证数据的可用状态。实践中，主体往往首先通过设置权限的途径使数据处于安全状态，这种安全状态便是保密状态，将保密状态单独列出是提前化数据法益保护的防线，当侵害保密状态的行为具有明显的使用目的指向性时，刑法应及时干预避免结果的严重性；排他性是从反面说明数据的唯主体可用性，对于主体而言，数据必须是处在一个能够实现其价值的可用状态，且这种可用是在主体的绝对控制之

① 杨志琼：《非法获取计算机信息系统数据罪“口袋化”的实证分析及其处理路径》，《法学评论》2018 年第 6 期。

下，主体能够预见和把握其可用的边界与范围，直接决定其价值实现的结果和作用于现实世界的效果。这与信息法益的内涵相同，信息专有权、维持权强调数据主体对数据本身的可用性，而信息传播权、利用权排除无处分权人的数据利用行为。这也是主体对数据的处分权限或者受法律保护而形成的权威利益状态这两种观点表述的内容细化，更能够在信息保护不完善的基础之上契合大数据时代背景的需求，具有指导实践的可操作性。

（三）侵害数据法益的行为类型

依照以上对于数据法益的内涵，可以对侵害数据法益的行为类型进行区分。

首先，侵害数据的保密状态表明对数据保密性的侵犯，这里的侵害行为包括一切对保密状态的破坏或者知悉他人数据的状态。数据主体享有对数据知悉范围的主动掌控权，即可决定数据保密的范围、时间、方式等，如医院的用药处方，通过设置账号密码权限来限制此类数据的知悉范围，又如日常使用的App所收集的用户个人信息，软件后台也设置了工作人员的登录权限，以限制数据的知悉范围。在大数据时代，数据皆存在于计算机网络之上，侵入他人计算机系统中获取数据，或者虽未侵入计算机系统，但通过获取他人身份信息侵入他人数据网络获取数据，都侵害了数据处理者对数据设置的保密状态。

其次，侵害数据排他性的可用状态包括两方面，一是直接侵害主体对数据的可用状态，涵盖一切使数据主体无法获取数据、使用数据的行为，具体包括但不限于删改、增加数据内容，修改他人账户密码等身份认证信息，使数据主体无法正常使用数据或恶意造成阻碍。二是间接侵害数据主体对数据的可用状态，强调这种可用性的排他性，即不允许任何人未经同意，以实现某种不正当目的或获取不正当利益为意图而进行的任何数据处理行为。如上所述，这里的数据侵害行为应仅限于针对数据本身的处理或利用行为，此处可借鉴侵犯公民个人信息罪的行为模式，包括“交易型”“刺探型”“泄露型”三种行为模式。[①] 具体而言包括两大类，一是出售或提供，二是窃取或其他方式获取，排除利用数据从事下游犯罪活动而构成其他类型犯罪的情形，将间接侵害数据行为严格限制在以“数据”为核心的处理行为，防止司法适用上的混乱。上述两种行为可以是否“流通”予以划分，直接侵害行为不要求对数据流通行为的发生，仅仅是数据主体自身无法正常利用，无法实现数据的“可用性”即可；间接侵害行为表明数据对于数据主体仍具备“可用性”，只是无法达到或

① 参见马改然《个人信息犯罪研究》，法律出版社2015年版。

实现其“排他”的目的，数据因其被“流通”而致使数据利益为外人所知晓或获取。

二　数据犯罪的内涵：与计算机犯罪区别

大数据时代下的数据具有技术特征和价值特征双重属性，技术特征导致其易与计算机犯罪项下的数据犯罪相混同，加之我国立法模糊两者界限，加剧了数据犯罪和计算机犯罪的区分难度，事实上，如何合理区隔两类犯罪是实现数据法益充分保障的必要选择。

（一）数据的双重属性

数据本身具有技术特征。大数据时代所称的数据，其存在和处理都必须依附于计算机信息系统，从技术角度出发，以计算机信息系统的代码运算为基础的数据，是计算机系统处理的一切有意义的电子脉冲信号的集合。由于计算机信息系统本身是由代码组成，对计算机信息系统的任何操作都会涉及对代码的改变，继而产生或变更相应数据。数据的技术特征强调，数据作为计算机语言，是计算机信息系统的组成部分。大数据背景下，无论何种数据类型，都具有该特征。

大数据时代的数据具有价值特征。在计算机语言基础之上，经计算机信息系统运作形成的、为我们所直观感受到的数据，是指具有明确的内容指向性的、人类思维可识别处理的，且具有利用价值的某种认知对象，其本身具有独立价值和内涵。典型如网页浏览数据代表网络使用轨迹，账号密码代表有权限进入特定系统。根据数据的产生是否依赖于计算机信息系统，可以将其分为两类，包括：①由外部采集而录入计算机系统的数据。此种数据本质上是脱离计算机系统，本身的产生不依赖于计算机系统，如身份认证信息、录入计算机的某种数据统计如医院药用处方等，仅是借助于计算机这一载体呈现。②依赖于计算机信息系统产生的数据。此类数据虽然在形成后也能脱离计算机信息系统而存在，本身具有独立的意义和地位，但受限于技术水平、操作过程等，其产生过程依附于计算机信息系统，如小米手环的数据收集、网页浏览痕迹、游戏装备、视频资料等数据。

强调大数据时代下数据的价值特征，是为与计算机信息系统组成部分中的数据相区别。数据价值强调数据本身的可用性，能够满足数据使用者的某种利益需求，因而数据犯罪中的数据也必须是具有某种利益实现可能性的数据，其内容能够为人类思维所感知并进行处理应用。故数据犯罪中的数据，尽管兼具技术特征和价值特征，但其侧重点在于价值特征，强调能够满足主体的某种利益需求，技术特征仅是其依附于计算机系统而不得不具有的客观存在的特征。计算机项下的数据犯罪属于计算机犯罪范畴，此类数据仅具有技术特征而不具有价值特征，其作用仅是影响计算机信息系统的正常运行，这类侵害行为所指向的数据本身是计算机信息系统运作的组成部分，脱离此便无其他独立意义和价值。且从法益角度观之，数据法益强调数据的保密状态和排他性的可用状态，因而此种数据虽然也具有技术特征，但重心在于价值特征，计算机法益强调计算机信息系统的安全与正常运行，此类数据的重心在于技术特征。

（二）数据犯罪与计算机犯罪的立法混同

涉及数据的犯罪存在两种类型，一是计算机项下的数据犯罪，此类数据仅具有技术特征，虽然涉及数据，但此种数据属性单一，本质上侵犯的并非数据法益，而是计算机信息系统法益；二是本质上的数据犯罪，此类数据具有技术特征与价值特征双重属性，本质上侵犯的即为具有独立内涵的数据法益，而数据是否具有价值特征是区分数据犯罪和计算机犯罪的关键。

我国刑法不从数据是否具有价值特征对数据犯罪与计算机犯罪进行区分，相反，仅强调数据的技术特征，进而混同了数据犯罪与计算机犯罪的界限，即不需判断数据是否具有价值特征，只要该数据存在于计算机信息系统上，则肯定其具有技术特征，进而将其视为计算机项下的数据犯罪，致使任何涉及数据犯罪的行为皆符合计算机犯罪的构成，任何侵害计算机法益的犯罪行为都涉及数据犯罪行为，数据犯罪和计算机犯罪在罪名上难以厘清。如非法获取计算机信息系统数据罪，只要该数据存在于计算机信息系统之上，无论其是否具有价值属性，都属于计算机犯罪类型。

大数据时代的到来使数据端点多样复杂，完全超出传统的计算机信息系统范畴，具有独立价值的数据数量与规模日益增加。面对数据与其载体即计算机信息系统逐渐脱离而造成的立法漏洞，2011 年 9 月 1 日实施的《最高人民法院、最高人民检察院关于办理危害计算机信息系统安全刑事案件应用法律若干问题的解释》第 11 条，将计算机信息系统扩张至“具备自动处理数据功能的设备”。原本《刑法》规定的数据仅限于存在于计算机信息系统的数据，无法涵盖网络空间维度的数据，司法解释将计算机信息系统范畴扩展至所有能够处理数据的设备，使原本不属于计算机项下的数据犯罪被计算机犯罪所涵盖，而所有数据类型皆存在于相关设备之上，使数据犯罪无法脱离计算机犯罪。至此，仅由计算机信息系统出发，通过对数据犯罪作“依附于计算机信息系统而得以存在和处理"的纯粹技术特性理解，将罪名规制触角延伸至大数据时代下的数据犯罪。

由此，立法规定一方面单纯重视大数据时代下数据的技术特征，进而与计算机犯罪项下的数据相混同；另一方面扩张计算机犯罪中数据载体即计算机信息系统的概念范畴，导致计算机犯罪与数据犯罪的混合与依附。

（三）数据犯罪与计算机犯罪的区分

如上所述，数据法益和计算机法益是两种完全不同的法益类型，在处理数据犯罪问题上，必须首先判断这一数据犯罪行为是否属于实质上的数据犯罪，即这一数据除技术特征外是否具有价值特征，若有，则为数据犯罪，如对身份认证信息的获取或删改；若无，则为计算机犯罪，仅涉及计算机程序代码的变更。

实务中，典型的如非法侵入道路交通违法处理信息系统，删除车辆交通违法记录的行为。无论是计算机犯罪还是数据犯罪，都由于其技术特征而必然涉及侵入计算机的行为，因此，侵入行为实质上是数据犯罪或计算机犯罪行为的提前化，根据《刑法》第285条的规定，只有侵入国家事务、国防建设、尖端科学技术领域的计算机信息系统的，才构成犯罪，侵入除上述领域的其他计算机信息系统，不构成犯罪。因此，若行为人仅是侵入道路交通系统，未进行其他任何操作，则不构成犯罪，但在该行为中，恰由于其存在后续的删除行为，因而构成犯罪。删除违法记录是对计算机信息系统的操作，必然涉及对计算机信息系统数据的修改，而车辆违法交通记录本身是对车辆违法情况的说明，其相当于外部采集而录入计算机信息系统中的数据，对此类数据的删除实质上影响或更改了原有数据所代表的含义，当然属于数据犯罪的行为。虽然目前根据我国《刑法》第286条认定为破坏计算机信息系统罪，但本质上该行为属于数据犯罪行为，而非计算机犯罪行为。又如侵入车管所服务器，修改选号系统中原有的车牌号码，使申请人抽中其满意的号码牌的行为，实务中和学界认为"修改数据是控制计算机信息系统的必经步骤和手段，其最终目的仍是控制计算机信息系统"。① 但数据法益并非仅包括数据安全，同时包含排他性的可用状态，车牌号码固然属于有意义的数据，这种可用状态包含数据依照主体的意愿进行利用，当然包括系统中原有的车牌号码依照其既定方式进行抽选，这并未妨碍计算机信息系统原有的运作模式。替换车牌号码属于非法控制

---

① 杨志琼：《我国数据犯罪的司法困境与出路：以数据安全法益为中心》，《环球法律评论》2019年第6期。

计算机信息系统无疑，但侵害的恰是原有车牌号码的运作模式和使用状态，破坏了车牌号码既定抽选规则与结果，对原有数据的可用状态造成干扰，妨碍了对该类数据的排他性利用状态，因而尽管这一行为属于非法控制计算机信息系统无疑，但侵害的恰恰是数据的利用行为，而非计算机信息系统。从这一层面考虑，非法控制计算机信息系统罪是属于数据犯罪还是计算机犯罪，应根据具体的犯罪行为进行认定。对于相关罪名，不能仅从罪名表述认定行为性质，而要从实质出发，判断所侵害的法益类型。

三　数据犯罪的外延：与传统犯罪交叉

数据可表征其他多种法益，致使数据犯罪易与传统犯罪相混同。这里的传统犯罪主要指信息犯罪、财产犯罪、知识产权犯罪等传统犯罪类型，不包括将数据作为传统犯罪手段的情形。在数据法益具有独立性的情形下，厘清数据犯罪与传统犯罪的认定界限至关重要。

（一）数据犯罪与传统犯罪的混同

大数据时代使得一切皆可“数据化”，这里的“数据化”强调外在的数据表现形式。数据法益的价值仍在于其所含内容的意义和特殊性，若仅强调数据外在形式而忽视其内容，数据便可涵盖多种传统法益类型，这便是数据的可表征性，即数据本身可表征其他法益，其他法益可以数据的形式呈现。这种可表征性虽日益具有广泛性，但判断某一“数据”犯罪是属于传统犯罪抑或数据犯罪的关键，仍在于对数据内容的实质性把握。

反观目前，对于数据犯罪行为的认定，往往仅依据外在的数据化形式而忽略数据的价值内涵，将一切以数据化形式呈现的犯罪皆认定为数据犯罪。在数据的认定范畴上，包含一切可以数字化形式呈现的物理符号；在数据的结构类型上，包含非结构化类型在内的所有数据形式；在数据的呈现载体上，包含一切可承载数据的终端设备。以上皆是仅着眼于外在的数据化形式，进而判断是否属于数据范畴，忽视了数据本身对实质内涵的强调。由此，只要能以数据形式得以表现的，皆可纳入数据犯罪。我国刑法的立法模式是将数据与计算机信息系统数据相混合，导致数据犯罪依附于计算机犯罪，数据被司法化为“所有能以代码形式储存于计算机信息系统中的权利客体”，进而涵盖司法实务中的各类数据形式，包括身份认证信息、网络虚拟财产、网络知识产权及其他诸如药用处方、考试成绩、考试志愿等各类数据形式，使数据犯罪沦为口袋罪名，有学者对296份判决书的实证分析结论也印证这一问题。① 其中，易混淆的传统犯罪类型集中为信息犯罪、财产犯罪与知识产权犯罪，这也是仅注重数据外在形式而忽略数据实质内涵所导致的结果。

正是这种仅聚焦于数据外在形式的判断方式，导致数据犯罪与传统犯罪的区分困难，尤其在大数据背景下，信息、财产、知识产权等传统法益愈以数据化形式呈现，更增加了区分难度。

（二）数据与信息、财产、知识产权

首先，就数据与信息的关系而言，两者在价值内涵层面具有一致性，但在表现形式上存在差异。若分别以“质”即价值密度与“量”即涵射范围为判断基准，数据的“质”低于信息，而“量”高于信息。但数据之所以受到重视，正是大数据背景下技术手段提升的结果，这也使原本受限于技术手段而未具有独立价值的数据，在现阶段体系化为具有独立内涵的法益，日渐脱离于信息法益与计算机法益，并构建其自有法益范畴。尽管如此，本质上以价值密度为基准判断刑法保护必要性的观念，使得“质”高于数据的信息更易实现其价值内涵，从这一视角出发，数据保护的必要性仍源于其可被识别处理为信息，因此，两者在价值内涵上具有一致性，在价值实现方式上具有等同性。但并非所有信息皆为数据，仅就表现形式而言，信息并非一定以数据形式呈现，如纸质版的文字表述等，数据也并非皆为刑法意义上的数据，如收集企业已公开信息形成数据库，并不属于个人信息或商业秘密范畴。

其次，就数据与财产、知识产权的关系而言，大数据时代背景下，刑法意义上的数据和信息实质上可做同等认定，即同一行为对象可同时认定为数据和信息，因而此处对数据与财产、知识产权的关系分析仍可借鉴信息的相关分析。有学者将信息法益分为财产性信息与权利性信息，其中财产性信息包括知识财产、有用信息、信息资源和虚拟财产，权利性信息指与信息有关的个人权利。② 财产性信息聚焦于信息法益不同内涵进行区分，权利性信息强调基于法律规定所形成的抽象权利，而数据实质上也可借鉴上述分类。数据本身也是具有特定内容的数据化形式，当这种特定化内容可直接表现为财产或知识产权时，数据当然可直接认定为财产或知识产权。

---

① 杨志琼：《非法获取计算机信息系统数据罪“口袋化”的实证分析及其处理路径》，《法学评论》2018年第6期。

② 高德胜：《基于信息语境的信息法益的内涵与类型研究》，《东北师大学报》（哲学社会科学版）2012年第6期。

数据本身可以被视为财产。虚拟财产是随着计算机网络技术的发展而出现的，虚拟财产是指具有财产性价值、以电磁数据形式存在于网络空间的财物。虽然目前对于虚拟财产的法律性质仍存在争议，但学界普遍认为这种虚拟财产的数据类型属于财产。张明楷教授认为虚拟财产具备管理可能性、转移可能性和价值性，进而将侵犯虚拟财产的行为视为财产性犯罪。[①] 陈兴良教授认为“虚拟财产是感观无法确定的数据”，并提出“虚拟财产作为一种财物，是以电磁数据形式存在的”。[②] 这一观点也表明虚拟财产属于数据的一种，且在性质上属于财物。学者高德胜也认为虚拟财产属于信息法益，而信息法益又与数据法益实质等同，故虚拟财产本身也应属于数据法益，数据本身可成为财产类型。[③]

数据本身可视为知识产权。数据本身的无形性、可复制传播和可重复利用等性质，致使其客观上与知识产权存在诸多联系，有些数据本身就属于知识产权的客体。[④] 如发表在网络上的连载小说是著作权的权利客体，利用计算机程序设计的并以数据形式表现的专利，储存在电脑中的商标设计图等，其本身都是数据，但也是知识产权，可直接通过知识产权的相关法律予以保障，即数据本身如果符合相关知识产权的要求，其本身即为知识产权。

需要注意的是，并非所有的信息、财产、知识产权皆属于数据类型，数据与信息、财产、知识产权仅是存在相互交叉重合部分，信息、财产、知识产权仍可以其他形式得以表现，仍具有各自独立性，仅以外在的数据形式表现，并不足以改变其原有的法益类型。

（三）数据犯罪与传统犯罪的认定

某些数据可直接被视为财产、知识产权、信息，某些财产、知识产权、信息也可直接以数据形式表现，因而，数据犯罪与传统犯罪存在重合交叉，即当传统犯罪对象以数据形式表现，当数据犯罪对象具有传统犯罪的实质内涵时，该犯罪行为便同时符合数据犯罪与传统犯罪。

传统犯罪是先于数据犯罪而出现的，正是在大数据时代背景下，由于传统犯罪对内容设置了过高的要求和限制，为实现刑法法益保障的充分性而提出数

① 张明楷：《非法获取虚拟财产的行为性质》，《法学》2015 年第 3 期。

② 陈兴良：《虚拟财产的刑法属性及其保护路径》，《中国法学》2017 年第 2 期。

③ 高德胜：《基于信息语境的信息法益的内涵与类型研究》，《东北师大学报》（哲学社会科学版）2012 年第 6 期。

④ 冯哲：《知识产权视角下的数据信息保护》，《电信网技术》2017 年第 1 期。

据犯罪，在此意义上，数据法益是具有补充性质的法益类型。大数据时代使数据渗透现实生活，数据法益的提出，使刑法对法益内容不设定过高要求，审视标准从实质判断数据内容是否属于其他法益范围，转变为强调数据内容是否具有自身价值，对数据的关注点从数据内容的特定指向性转变为对数据内涵本身的独立性，确立了数据法益的独立刑法地位。这意味着，作为补充性质的法益类型，数据本身无法完全被传统法益内容所涵盖，只要其内容本身具有实现行为人特定目的的价值，且确实影响了数据处理者或数据内容指向者的某种值得刑法保障的权益，皆应当被独立判断为数据犯罪，受到刑法规制。因而，大数据时代背景下，数据逐渐具有独立法益地位，数据犯罪与传统犯罪也不可避免的呈现交叉重合关系。当一数据同时被认定为具有传统法益内涵时，即对于数据犯罪与传统犯罪交叉部分，由于法益内容指向本身是对数据可用性的具体化，针对性的法益保护往往要比仅根据数据特征的保护完善，针对性的罪名也更能体现行为性质，在刑法评价上更充分全面，故应首先认定为传统犯罪类型。因此，在其本身内容具有明显特定的指向性，且刑法已对该指向性的法益独立化为特定法益类型时，应当依照定型化的财产犯罪、知识产权犯罪或信息犯罪予以认定。

对数据犯罪与传统犯罪作互斥关系的认定，易造成刑法处罚的空白，无法实现数据法益的设立初衷。如有学者认为应直接针对数据犯罪进行去识别性、去财产性和去创造性判断，将其与信息犯罪、财产犯罪和知识产权犯罪相区别，① 但此种剔除行为会导致对数据的范畴理解狭隘，如某一类数据属于知识产权范畴，但由于我国刑法保障不充分，未将其纳入我国知识产权相关犯罪的规制范围，将其从数据中剔除后会出现刑法规制空白，违背大数据时代数据法益的充分保障的目的。因此，应当将数据法益与传统法益作阶层式的关系认定，即传统法益为首要判断，数据法益为次级认定。

实务中，对于数据犯罪与财产犯罪的认定，尽管虚拟财产难以确切估价，但不能就此否认行为的财产犯罪性质而将其认定为数据犯罪。如慈溪市人民法院作出的《（2010）甬慈刑初字第1544号刑事判决书》中，法院认为以在线升级方式获得的虚拟财产价值无法确定，不能构成财产犯罪，而由游戏玩家用金钱以购买方式直接获得的虚拟财产，由于通过对价形式添附了现实的财产权利而可被认定为财产犯罪。对于行为人洪某某盗取被害人龚某游戏账号中的“银子”的行为，法院认为公诉机关无法证明被害人是通过

① 杨志琼：《非法获取计算机信息系统数据罪“口袋化”的实证分析及其处理路径》，《法学评论》2018年第6期。

购买而获得，进而认定为非法获取计算机信息系统数据罪。对于虚拟财产而言，无论是何手段获得，无论是否通过现金进行对价交易，皆无法影响其财产属性的本质，无法确定财产价值或未经对价形式进行现实估价，皆非其行为构成数据犯罪的原因，仅是认定中所存在的困难。对于数据犯罪与知识产权犯罪的认定，如成都市高新技术产业开发区人民法院作出的《（2015）高新知刑初字第2号刑事判决书》中，被告人常某、杨某以被告人张某某提供的《穿越火线》《逆战》网络游戏原有程序为基础，制作外挂程序，增强客户端游戏功能。公诉机关认为构成提供侵入、非法控制计算机信息系统的程序、工具罪，而法院以该制作外挂的行为不会影响游戏程序的正常运行为由予以否认，并判定构成侵犯著作权罪。在三名被告构成共同犯罪的情况下，本案涉及游戏数据的非法获取、删改、增加、非法利用与谋利的行为，当然侵犯到数据法益，但同时本案复制发行游戏程序的行为又符合相关知识产权犯罪，在数据犯罪与传统犯罪重合交叉部分，应首先认定为侵犯著作权罪而非相关数据犯罪。

大数据时代凸显了数据法益的独立价值和地位，数据法益独立性的确定为数据犯罪行为的认定提供了具体指引，将数据犯罪与计算机犯罪及传统犯罪合理区隔也是认定数据犯罪行为的必然要求。在国家“十三五规划纲要”中已明确提出实施国家大数据战略的背景下，数据法益与数据犯罪问题必须不断被明确化、体系化，以应对大数据时代的数据风险与安全。

Data Legal Interest and Data Crime in the Era of Big Data

Li Ting

Abstract: The data security in the era of big data cannot be ignored. The value of data lies in the specific meaning and value of its contents, and the data law interest should be the confidentiality of data and the usable state of exclusivity. Data has the dual attributes of technical characteristics and value characteristics. From the perspective of technical characteristics, China's legislation confuses data crimes and computer crimes, and the two should be distinguished from each other in terms of whether the data has the independent significance. The boundary of data crime and traditional crime is overlapping. We should first judge whether they belong to the category of traditional crime, and then identify them as data crime.

Key words: Big Data Era; Data Legal Interest; Data Crime

迈向智慧司法：刑事裁判引入人工智能的法理挑战和破解路径

洪　刚*

摘　要：刑事裁判引入人工智能是司法与科技结合的大趋势，有其产生和存在时代背景，世界各国在处理人工智能在刑事司法中的运用有着不同的态度，或开放或谨慎。在刑事裁判中引入人工智能有着数字正义、科技方法论以及预防性司法的司法理论的基础，但是也存在人工智能与刑事司法的立法目的、价值以及刑事司法原则不协调的法理挑战。刑事裁判中应当明确人工智能的定位以及裁判的类型、遵循正当程序、保障人权、完善风险评估处理机制等路径予以破解，以此实现人工智能在刑事裁判中的适用。刑事裁判引入人工智能取得了许多成就，同时也面临困境和挑战，这是我们法学研究人员当前需要认真思考和慎重对待的问题，亟须在司法理论上作出回应，使人工智能与司法互动融合，促进我国司法制度的完善发展。

关键词：刑事裁判；人工智能；法理挑战；破解路径

一　问题的提出

近年来，人工智能、大数据、区块链等前沿科学技术的发展给经济社会的带来了深刻的影响和变革。信息化、智慧化、数字化成为了当前经济社会中热门的词语，各领域都发生变革性变化。科技与法律结合形成了“科技+法律”的模式，刑事裁判引入人工智能（Artificial Intelligence）成为了科技助力司法

* 洪刚，南京师范大学法学院博士研究生，中国法治现代化研究院研究人员。

大的发展趋势，2021年1月10日《法治中国建设规划（2020—2025年）》提出："充分运用大数据、云计算、人工智能等现代科技手段，全面建设'智慧法治'，推进法治中国建设的数据化、网络化、智能化。优化整合法治领域各类信息、数据、网络平台，推进全国法治信息化工程建设。"① 2021年3月12日《中华人民共和国国民经济和社会发展第十四个五年规划和二〇三五年远景目标纲要》提出"迎接数字时代，激活数据要素潜能，推进网络强国建设，加快建设数字经济、数字社会、数字政府，以数字化转型整体驱动生产方式、生活方式和治理方式变革"，② 人工智能实现"数字正义"的目标。

2017年国务院发布的《新一代人工智能发展规划》（以下称《规划》）提出：建设集审判、人员、数据应用、司法公开和动态监控于一体的智慧法庭数据平台，促进人工智能在证据收集、案例分析、法律文件阅读与分析中的应用，实现法院审判体系和审判能力智能化。③《规划》明确提出了人工智能是法院信息化建设的组成部分，但是人工智能技术作为科技时代的新生事物，引入人工智能技术如何使刑事司法原则、规律、价值相协调是值得我们去思考的。文章以刑事审判中引入人工智能为视角，一方面学者们对于人工智能在法学领域的发展提出了很多有益的思考，④ 另一方面人工智能技术与司法

---

① ［基金项目］国家社科基金项目"长三角区域一体化发展的法治协同机制研究"（项目号：20BFX013）和江苏省研究生科研创新计划"刑事缺席审判制度研究"（项目号：KYCY21_1219）。中共中央印发：《法治中国建设规划（2020—2025年）》，中国政府网（http：//www. gov. cn/zhengce/2021-01/10/content_5578659. htm）。

② 十三届全国人大四次会议：《中华人民共和国国民经济和社会发展第十四个五年规划和二〇三五年远景目标纲要》，中国政府网（http：//www. gov. cn/xinwen/2021-03/13/content_5592681. htm）。

③ 国务院关于印发新一代人工智能发展规划的通知国发〔2017〕35号。最高人民法院院长周强在2020年12月3日全国法院第7次网络安全和信息化工作视频会议和今年5月13日最高人民法院网络安全和信息化领导小组会议上提出："要全面深化智慧法院建设，推进人民法院信息化4.0版本建设，促进审判体系和审判能力现代化，推动新时代人民法院工作高质量发展。"

④ 近年来学界和实务界对于人工智能都提出了自己有益的思考，有学者从人工智能对法学传统的影响出发；有学者从人工智能的态度慎重与开放出发；也有学者从部门法的角度与人工智能结合出发；还有学者从司法改革中人工智能的前景与挑战出发。李世宇：《司法大数据在类案裁判中的应用探索》，《郑州大学学报》（哲学社会科学版）2018年第1期；王猛：《智能化助推司法体制综合配套改革》，《河北法学》2018年第5期；高鲁嘉：《人工智能时代我国司法智慧化的机遇，挑战及发展路径》，《山东大学学报》（哲学社会科学版）2019年第3期；马长山：《司法人工智能的重塑效应及其限度》，《法学研究》2020年第4期；郑曦：《人工智能技术在司法裁判中的运用及规制》，《中外法学》2020年第3期；孙道萃：《人工智能辅助精准预测量刑的中国境遇——以认罪认罚案件为适用场域》，《暨南学报》（哲学社会科学版）2020年第12期。

结合在实际中引发了对传统法学教义的挑战，并在实施过程中也面临了技术不足、算法黑箱、深度学习不足以支撑司法需求以及人工智能的基础理论薄弱等障碍。刑事裁判中引入人工智能应当保持审慎态度，科技要与法律相契合，既要实现科技创新的发展逻辑，也要保持法学公正的道义品质，认真思考法学面临的“变”与“不变”。

二 功能审视：刑事裁判引入人工智能的缘起

当前世界范围内已经开始了以“信息技术”为核心的第四次工业革命，科学技术是第一生产力，生产力决定生产关系，因此在我国现代化建设全局中的必须牢牢抓住科技这个关键要素。推动科技与司法的融合，以科技促进司法公开公正，以司法保障科技发展创新。刑事裁判引入人工智能是“智慧司法”的必由之路，有其正当性和合理性，作为法律人应当辩证地看待问题，因此我们需要仔细思考刑事裁判引入人工智能的基本理论，如此方能开展下一步研究。

（一）从“接近正义”到“数字正义”

司法裁判从应当是指审判阶段法院对定罪、量刑和一些程序性争议做出裁决的活动，是指定罪裁判、量刑裁判和程序性裁判三种类型。[①] 刑事裁判引入人工智能在刑事审判阶段对被告人定罪、量刑以及程序性事项产生一系列的影响。在刑事审判乃至在整个刑事诉讼过程中，公正与效率既是原则性要求，也是规范审判行为的标准，人工智能引入刑事裁判不能背离公正与效率相统一的要求和标准，要坚持公正优先的价值属性，在保持司法公正的前提下，追求司法效率的价值，遵循司法人文的理念。[②] 司法效率提高可以通过数字进行量化来实现，让正义变得看得见，让正义在公众的视野中得以出现。

从现代司法的发展来看，限制和规范裁判者的自由裁量权以及统一司法裁量尺度的标准，始终是困扰现代司法的难题。这一方面是源于司法对裁判者自

① 陈瑞华：《刑事司法裁判的三种样态》，《中外法学》2012年第6期。

② 孙笑侠教授提出了“司法人文”，司法人文是一种包括司法的传统、文化、文明内涵的价值观，它同时是一种司法哲学，既包括对诉讼当事人的尊重，包括对司法主体和司法活动的尊重，也包括了对人类尊严和独特价值的尊重。参见孙笑侠《论司法信息化的人文“止境”》，《法学评论》2021年第1期。

由裁量的不信任；另一方面是由于主观和偶然的原因导致同案异判，出现裁判不公的现象。根据美国学者进行的大量的实验和研究表明，有几个因素影响司法决策，例如，法官和诉讼当事人的人口统计学特征会影响法官的判断（这里是指美国司法中人种和地域），法官在判决案件时也严重依赖直觉推理，这使他们容易使用可能导致错误的心理捷径。此外，法官有时会依赖记录之外的事实，并更倾向于对更有同情心或与他们有共同特征的诉讼当事人进行裁决。这些证据表明，法官很容易受到对司法公正理想的系统性偏差的影响。①

当前我国司法改革围绕司法责任制制约和监督审判权的运行，建构案例指导制制度；发布指导性案例，努力做到同案同判；建设案例数据库，实行类案检索。“数字正义”是司法人工智能与司法改革相融合的法理表达，互联网和信息技术的发展使司法公开从线下的“现场正义”转化为线上的“可视正义”，在线矛盾纠纷多元化解模式突破了空间限制，构建了更加便捷、简单和快速的法律程序去“接近正义”（Access to Justice）。② 刑事案件涉及犯罪嫌疑人、被告人的人身、财产等宪法规定的基本权利，作出裁判时需要更加审慎公正。理查德·波斯纳（Richard Posner）甚至认为，法律不是一个具有独特方法论的领域，而是应用逻辑、修辞学、经济学以及对专业词汇和特定文本、实践和制度体系的熟悉的混合体。③ 刑事裁判引入人工智能因为其不具备作为主体的“人”的情感意志，可以克服“人”的偏见（prejudice），避免法官裁判的恣意性，司法倾向（judicial temperament）是影响法官思考个人意见的主要因素之一，④ 严格按照设计好的算法和程序，准确定罪、正确量刑和恰当处理程序性事务，既可以保持法律的稳定性，也可以保持法律的预测性，保证刑事裁判的公正。

（二）从“科学技术”到“科学方法论”

人工智能作为一项科学技术，具有科学性、中立性、效率性的特征，刑事裁判中引入人工智能技术可以被视为拓展纠纷解决的方法，为有效惩罚犯罪和

---

① Jeffrey J. Branchlike, Andrew J. Wistrich, “Judging the Judiciary by the Numbers: Empirical Research on Judges”, *Annual Review of Law and Social Science*, 2017, pp. 203-229.

② 魏斌：《司法人工智能融入司法改革的难题与路径》，《现代法学》2021年第3期。

③ Terry Hutchinson, “Defining and Describing What We Do: Doctrinal Legal Research”, *Deakin Law Review*, 2012, pp. 84-119.

④ Robin C. A. White, Iris Boussiakou, “Separate opinions in the European Court of Human Rights”, *Human Rights Law Review*, 2009, pp. 37-60.

保障人权提供了新的路径。在传统司法基础上人工智能可以提供裁判数据的快速检索、裁判文书的无时空送达、裁判过程的无差别适用等技术上的优势，极大地提高了诉讼效率，刑事裁判可以利用人工智能的优势方法，更新审判理念、审判方法，塑造“司法+科技”的新型审理模式。我国《刑法》和《刑事诉讼法》分别在第2条规定了刑法和刑事诉讼法的任务，即“同犯罪行为作斗争和保护公民的人身权利、财产权利、民主权利和其他权利”。惩罚犯罪与保障人权既是刑事法规定的任务，也是法律在实际运行中贯彻的原则和目标。刑事裁判的就是根据罪责刑相适应、罪刑法定等原则让有罪的人受到追诉，保障无罪的人不受到刑事追究。司法资源是稀缺的，人工智能的引入最直接目的就是节约司法资源，人工智能运行使司法资源得以合理分配。

我国刑法在刑法分则规定了十大类不同的犯罪，目前也公布了十一个刑法修正案，2021年最高检检察长张军在全国两会《工作报告》提出，判处不满三年有期徒刑及以下刑罚案件，从2000年的53.9%升至2020年的77.4%。① 刑事立法保持活跃的状态，犯罪圈的扩大，意味着更多的行为将会纳入刑法的规制范围，同时随着轻罪案件逐渐成为了犯罪的主要形式，② 这给刑事司法实践带来了影响。人工智能引入刑事裁判的任务是为了更有效地惩罚犯罪，犯罪圈的扩大与司法资源有限之间需要平衡和协调，利用好科学方法论的指引作用，“人工智能+司法”则是最优选择。③

人工智能是法律方法论的范式转变，是由传统的基于逻辑分析、价值分析和规范分析的理论范式朝着精细化、可操作和易实现的应用范式的转变。④ 2018年《刑事诉讼法》的修改确立了认罪认罚从宽制度，这在制度层面对案件的裁判实行了繁简分流，技术层面引入人工智能手段，及时对被告人送达文书，给出量刑建议，会进一步节约司法资源，有效地惩罚犯罪，对于认罪认罚的轻罪案件可以及时解决，贯彻“迅速接受审判”的刑事司法原则。对于不认罪认罚的案件和20%的重罪案件也可以依托人工智能技术对犯罪行为人进

---

① 最高人民检察院：《最高人民检察院工作报告》，正义网（http://news.jcrb.com/jsxw/2021/202103/t20210315_2261586.html）。

② 我国刑法中并未规定轻罪和重罪的标准，按照学界通说以三年以下有期徒刑以下刑罚的犯罪行为作为认定轻罪的标准。

③ 从2016年开始，“智慧法院”建设被正式上升为国家战略。在过去五年里，以《国家信息化发展战略纲要》和《“十三五国家信息化规划”》为指导，法院系统始终坚定不移地推进“智慧法院”建设。最高人民法院近日又审议通过了《最高人民法院信息化建设五年发展规划（2021—2025）》。

④ 魏斌：《司法人工智能融入司法改革的难题与路径》，《现代法学》2021年第3期。

行精准量刑，法官可以集中精力办理好此类案件，人工智能识别简单处理的案件，实现以审判为中心的诉讼制度改革目标。

（三）从“惩罚模式”到“预防模式”

从现代刑罚的发展来看，存在着报应刑和预防刑两种不同的分歧。前者是针对已然发生的犯罪行为进行惩罚，是从客观事实的结果对犯罪进行处理的刑罚模式；后者是针对未然发生的犯罪进行预防，是从将来可能发生的犯罪行为出发在犯罪未实际发生之前进行规制的刑罚模式。随着犯罪形态的变化以及司法观念的转变，刑事裁判引入人工智能该遵循何种刑罚观、哲学观，即设计人工智能自然语言时应当以何种刑罚观为底层逻辑和运行模式，抑或两种刑罚观同时考量，这直接影响刑事裁判的效果。

从人工智能的工具属性来看待在司法运用情况，大数据是本轮人工智能复兴的“基础资产”，大数据居于核心位置，当前所提出的人工智能包括了数据、算法、算力的机器智能。[①]“知识图谱” + “深度学习”的运行模式，但是当前的机器学习并未涉及通过人工智能进行法律推理论证，还不是真正生物学意义上“人工智能”，从类案检索、类案推送来看严格来说还属于统计学意义上方式。[②] 2021 年 3 月 8 日最高人民法院院长周强在《最高人民法院工作报告》中提出“加强对数字经济、互联网、人工智能、无人驾驶等新技术新应用研究，妥善审理相关案件，促进新模式新业态依法规范发展”。[③]

从人工智能长期发展的趋势必须坚持做到预防犯罪与惩罚犯罪两种模式相配套的模式，区分定罪和量刑两种不同的要素类型。按照我国通行的四要件的犯罪构成理论实行的是整体评价，这与德日的“三阶层”理论和英美的“二要件”理论有所区别。主体、客体、主观、客观四个方面是我们国家刑法的依据，因此在设计人工智能犯罪模块时要整体嵌入，而正当防卫、紧急避险等阻却事由则作为量刑要素予以评价。那么在刑事裁判中人工智能的设计在刑罚观上就可能趋于模糊，预防型与惩罚型就会被整体地考虑的自然语言中。刑罚的双重价值应当既能惩罚犯罪，又能对潜在的犯罪起到震慑作用。

---

① 陈敏光：《善假于物与审判异化：司法人工智能的辩证思考》，《重庆大学学报》（社会科学版）2021 年第 3 期。

② 郑戈：《在法律与科技之间——智慧法院与未来司法》，《中国社会科学评价》2021 年第 1 期。

③ 最高人民法院：《最高人民法院工作报告》，最高人民法院官网（http：//www.court.gov.cn/zixun-xiangqing-290831.html）。

三　法理挑战：刑事裁判引入人工智能的困境

上文对刑事裁判引入人工智能的功能进行了审视，避免陷入“技术—技术”的技治主义的桎梏，在法学理论的基础上通过技术实现公正和效率的价值、惩罚犯罪和保障人权的任务以及刑罚的预防和惩罚的功能才是科技与司法结合的根本之路，即技术应当服务于司法。按照“理论—技术”的思路出发可以发现刑事裁判引入人工智能会对传统法律关系主体，客体范畴的定义、内涵、外延、法律属性等传统法学理论和司法范式形成不同程度的冲击。[①] 同时在实际实施中也遇到了诸多困境，文章主要从规范的角度对刑事裁判人引入工智能几个方面法理挑战进行分析，具体如下：

（一）对刑事司法的价值产生影响

1. 与实质合理要求相背离

从犯罪论的角度来说，目前刑事犯罪形态呈现多样化、复杂化、隐蔽性的趋势，且根据犯罪人的人身危险性、主观目的、犯罪的从属形态以及认罪的态度的不同，同一类型的犯罪行为可能在人工智能裁判时被认定为犯罪，但是人工智能无法根据实际的主观情况进行有效判断，例如，犯罪主观上有故意和过失，人身危险性有初犯和累犯，犯罪从属有主犯、从犯和教唆犯以及包括了自首、立功和刑事诉讼中认罪认罚、不认罪不认罚、认罪但不是认罚等情形，司法裁判是一种以规则为标准的且以追求正确性为目标的规范性论证说理的活动。[②]

尤其在案件法律规范滞后于司法实践的情况下，则刑事裁判会出现无法可依的情况，人工智能引入司法裁判在犯罪的构成方面能否囊括所有的犯罪形态，但是实际往往是办不到的，源于社会生活是不断变化的，而人的认识又是有限的。中国刑法现代化的价值目标是形式合理性与实质合理性的融合。[③] 韦伯认为形式合理是关于不同事实之间的逻辑关系的判断，而实质合理是关于不同价值之间的逻辑关系的判断。形式合理的手段和程序是可以被计算，实质合理则反映了主观上合理性质，刑事裁判引入人工智能在此基础上只能实现形式

① 马长山：《智能互联网时代的法律变革》，《法学研究》2018 年第 4 期。

② 冯洁：《大数据时代的裁判思维》，《现代法学》2021 年第 3 期。

③ 田宏杰：《中国刑法现代化研究》，中国方正出版社 2000 年版，第 50 页。

上的合理，如果在刑事裁判中介入了主观判断的要素，则无法实现实质上的合理性。但是事实上主观判断是无法避免的，例如，被告人的犯罪目的、动机，这些都需要司法人员去考量的，而人工智能无法通过学习达到这样的程度，即使人工智能具有人的思维意识，也无法解决人工智能对于裁判内心确信的属性，如果无法做到这些，则人工智能裁判势必会与实质合理的要求相背离。

2. 个案正义与统一裁量失衡

如前文所述，人工智能裁判设计的底层逻辑是基于相同案件的相同判决，"同案同判"。同案同判是司法公正的追求，[①] 但是在司法实践中更多的是出现的类似的案件。人工智能得出的结论是排除价值判断和感情的，法官将结果作为自己裁判的参考，法官依然是裁判的主体，如果法官认定的结果与人工智能得出的结果不一致，法官可以自主选择采用自己的结论或是人工智能裁判的结果。实际情况却可能恰恰相反，法官根据自己的经验、道德、价值以及专业知识对个人作出裁判，因为人工"智能"怀疑自己的认定，转而采用人工智能得出的结论，如果法官坚持自己的认定，对人工智能得出的结论有异议，则可能面临考核的外部任务，也会导致法官放弃自己的结论。

司法权从本质上来说是判断权，[②] 如果法官采用了人工智能得出的结论，则经过认定被推翻，在刑事裁判中产出了错案责任，目前司法责任制规定"让审理者裁判，让裁判者负责"，法官终身责任制的大背景下让法官承受来自人工智能的结论导致的错案责任未免有失公正。最高人民法院贺小荣法官曾说过通过个人公正推动法治的进步，如"张氏叔侄案、雷洋案、天津大妈持枪案、于欢案、张文中案……"。美国的"米兰达规则""非法证据排除规则"的出现也正是由于个案的推动。[③] 通过个人可以感受到法律的温情所在，法律并不是刻板的规定，而是一个个生动鲜活的展示，人工智能技术在刑事裁判中用统一裁判的底层逻辑而忽略个案裁判的机制不符合法治现代化的要求。人工智能裁判所面对的是其嵌入的裁判的模型，这种裁判模式导致的是同案与类案的差异，对于类案的识别包括了基本案情、基本事实、争议焦点几个方面，人工智能在类案识别是通过大数据的投喂进行知识图谱的建构，

---

① 2020年7月31日《最高人民法院关于统一法律适用加强类案检索的指导意见（试行）》规定"同案同判，类案检索"，笔者认为同案同判可以作为司法公正的目标，而类案检索可以作为当前法院信息化建设的重要内容。

② 孙笑侠：《司法权的本质是判断权——司法权与行政权的十大区别》，《法学》1998年第8期。

③ Bart Overhear, "Presidential Address to the Seventeenth International Conference on Artificial Intelligence and Law", *Artificial Intelligence and Law*, 2020, pp. 181-206.

对类案识别为统一的标准，但是在量刑阶段则就会产生问题，量刑依据定罪的标准，在量刑过程中就会使得类案也会在量刑中保持了一致，产生“类案同判”的情况。个案正义没有在刑事裁判中得以体现，而司法公正在根本上是通过一系列的具体案件公正裁判实现正义的价值，实现个案正义与类案正义、普遍正义并行，人工智能在刑事裁判中会导致个案正义与统一裁量失衡的困境。

3. 法律面前人人平等原则无法贯彻

刑事司法上的判断实体上就需要判断罪与非罪、此罪与彼罪以及罪重罪轻的问题，结合法律的推理论证的论证过程。既要实现国家的刑罚权，也要实现国民的期待可能性。而人工智能裁判通过模型的设计、算法的输入，最后导出结论。人工智能的模型是通过司法大数据资源进入机器自然语言系统进行处理（输入），经过机器算法的处理，输出一套案件处理情况的预测形式。例如，美国的威斯康星州发生的 Stata v. Loomis 案件中，[①] 法官运用人工智能裁判系统（COMPAS）进行量刑，反而导致了种族歧视等问题，这说明刑事裁判引入人工智能会导致一定程度上的不平等。

人工智能看似通过一整套的设计形成了统一的裁判标准，但是其存在技术的限制以及深度学习的不足，以裁判文书为例，目前裁判文书公开的数量有9000多万份，但是这些裁判文书信息库能否支撑起人工智能裁判的要求，还存在问题，缺少海量司法数据作为分析和研究的基础，人工智能无法对司法规律进行学习与模仿。[②] 在人工智能面前注定有一部分人是技术时代的失声群体，并不能惠及所有的人，刑事司法强调法律面前人人平等，这作为一项基本原则在刑事裁判中被贯彻。法律面前人人平等，是每个人都有权受到法律平等的保护，不受任何歧视，人工智能在刑事裁判中存在算法不透明性的现实难题，缺乏有效的评估监管机制，算法歧视不容忽略，形成了看不见的不正义，以大数据为基础的人工智能的裁判，司法大数据现实上难以支撑算法裁判在技术上的实现。[③] 就大数据的准确定和有效性，也影响着算法，机器学习就无法达到最佳效果，最终在刑事裁判中反而导致在法律适用时并不平衡，无法在刑事裁判中有效贯彻法律面前人人平等的原则。

---

① 李本：《美国司法实践中的人工智能：问题与挑战》，《中国法律评论》2018 年第 2 期。

② 高鲁嘉：《人工智能时代我国司法智慧化的机遇，挑战及发展路径》，《山东大学学报》（哲学社会科学版）2019 年第 3 期。

③ 宋旭光：《论司法裁判的人工智能化及其限度》，《比较法研究》2020 年第 5 期。

（二）对刑事司法原则产生冲击

1. 审判权独立行使被侵犯

审判权独立行使是我国宪法和法律明确规定的基本原则，我国《宪法》第131条规定：人民法院依照法律规定独立行使审判权，不受行政机关、社会团体和个人的干涉。《刑事诉讼法》第5条规定了：人民法院依照法律规定独立行使审判权……不受行政机关、社会团体和个人的干涉。在刑事裁判中引入人工智能技术存在损害独立行使审判权的风险，我国目前人工智能司法系统[如上海刑事案件智能辅助办案系统（“206系统”）、[①] 北京的“睿法官”智能研判系统、浙江的“凤凰智审”金融纠纷全流程智能审判系统]都是地方法院与科技公司科技开发的，互联网巨头公司阿里、腾讯、百度都参与其中的开发和维护，但是公司的逐利性是公司的属性，利润是公司天然的动力，在智能司法系统开发过程中科技公司忽略对隐私的保护，往往弱化法律，使数据提取产品成为规范。[②] 科技公司利用其技术垄断地位侵蚀了审判权独占的原则。

从目前不同国家和地区智能司法系统来看，我国是法院与公司合作开发，美国是法院从市场购买智能司法系统的服务，但是无论如何也改变不了司法裁判人员在技术方面的知识缺陷和盲区，智能司法系统的开发过程更多是司法辅助人员和科技公司的技术人员主导，不可避免地会出现技术垄断，通过技术干预司法活动，容易形成司法腐败。这就容易导致他们将自己的观念和意识带入到设计中，导致人工智能输出的刑事裁判结果带有非裁判者的判断，间接受到社会团体、个人的干预，法官作为裁判者本应居于中心位置，只能沦为人工智能裁判的被动接受者和无条件执行者，冲击了独立行使审判权的宪法和刑事诉讼法的基本原则。人工智能因为还有数据共享的作用，数据共享容易导致数据泄露，刑事裁判中的证据事实以及法官裁判的意见都被记录在人工智能系统里面，这就使得法官裁判变得公开性，提前已经知晓了裁判思路，则控辩双方可以影响裁判结果的最后形成，审判权独立行使被侵犯。

2. 与司法亲历性原则相背离

证人证言、鉴定意见、被害人陈述、刑事被告人供述和辩解作为言词证

---

① 上海的“206系统”建立了逮捕条件审查、证据标准指引、单一证据审查、证据链和全案证据审查、庭审示证、类案推送、办案程序合法性审查监督等自动程序。余东明：《上海应用“人工智能”办案防范冤假错案全国首个“智能辅助办案系统”问世》，《法制日报》2017年7月11日。

② Ari Ezra Waldman, *Industry Unbound: The Inside Story of Privacy, Data, and Corporate Power*, Cambridge: Cambridge University Press, 2021.

据，而言词证据的形成是需要经过了感知、记忆、陈述三个阶段，人工智能裁判时实物证据是客观存在的，通常不会有争议。而言词证据往往是影响案情的关键要素，人工智能裁判把证人证言、被害人陈述、被告人供述和辩解以及鉴定意见在裁判系统里进行分析，在法庭举证等审判程序中形成了结论，输入人工智能裁判系统进行分析，而人工智能裁判智能不能作为主体，并不能实际参与庭审活动，缺乏了司法亲历特征。即使法官当庭对证据的证据能力和证明力予以认可，人工智能系统也可能对此否认，这背后裁判的是人工智能裁判系统根据自己储存的数据库从自己数据里选择类似的案件进行判断。

这就给刑事裁判中的言词证据造成了两个问题。第一，言词证据在人工智能裁判系统里经过处理忽略了法官当庭的实质性功能，变成人工智能对于证据的认定，此时言词证据在人工智能裁判中的效力如何确定。第二，人工智能的中心的大数据，通过大数据收集的证据能否作为刑事诉讼法意义上的证据进行使用。另外在刑事裁判中还存在人工智能的量刑要素。[①] 人工智能量刑的意见作为裁判的参考时，在庭审中如何对其进行检验，如果无法进行质证，则又陷入了“算法黑箱”的泥沼。我国在刑事审判中一直存在证人不出庭的问题，人工智能的介入则在刑事审判中证人更加不需要出庭，存在的问题反而越演越烈。之所以强调出庭的问题，是因为在真正参与庭审通过证人的语言、表情、动作可以更加了解证人作证的可靠性和真实性，更加具体地了解案情，避免从材料到案卷的书面审理方式。[②] 直接言词与司法的亲历性密切相关，其具有保障审判的程序公正，实现实体公正，尤其可以保障被告人的诉讼权利，人工智能在刑事审判中证人可以依据书面证人证言继续作为证据形式使用，而在算法系统里面所形成的证据是否经过质证，能否作为定案依据使用都值得商榷。刑事裁判引入人工智能裁判与直接言词和集中审判的要求不符合，与司法亲历性原则相背离。

3. 控辩双方不平等性扩大

在刑事程序中犯罪嫌疑人、被告人与公诉机关对比是处于不利的位置，在刑事裁判中引入人工智能技术可能会进一步加剧控辩双方的不平等性。人工智能的设定的模式是按照被告人有罪的模式进行设置，裁判应当保持被动、中立的秉性，人工智能裁判则让裁判转向了积极主动对被告人进行惩罚。[③] 首先，

① 人工智能和法律在结合过程中也与量刑因素密切相关。

② 王佳云：《司法大数据与司法公正的实现》，《吉首大学学报》（社会科学版）2020 年第 2 期。

③ 郑曦：《人工智能技术在司法裁判中的运用及规制》，《中外法学》2020 年第 3 期。

辩护人的调查阅卷的难度变大，人工智能裁判所有案卷材料经过算法处理只形成了最后的结论进行输出，但是辩护人却无法完整的阅读案卷材料，即使引入了区块链技术进行去中心化留痕固定，也会出现数据的不完整性和可篡改性。辩护人所获取的案卷材料是经过人工智能系统加工之后的，减损了辩护人的调查阅卷权，不利于被告人的诉讼权利的实现。

其次，因为技术的复杂性和不透明性以及技术公司为了维护自身的商业秘密而导致技术上的排他性，辩护人在庭审辩护时也无法及时获知控方的控诉内容，不能形成辩护策略。同时在“算法黑箱”的情况下甚至连法官自身也不知道裁判的思路，因为法官也是人工智能裁判的使用者而非开发者，这极易形成辩护权的减损，无法与强大的公诉力量相抗衡。另外值得注意的是，在人工智能裁判时，诉讼当事人的隐私权也可能受到减损，人工智能裁判的前提是预先输入设定的内容，裁判时依据当事人的过往的经历、有无前科以及经济状况，甚至包括社会的评价多种因素。① 这些因素综合起来就构成了当事人的完整的隐私，可能包括犯罪行为人，也包括证人、被害人的隐私，经过算法的运行就会被保留在人工智能裁判系统中。以此作为材料可能作为下一个类似犯罪行为人科处刑罚的背景信息，损害刑事案件当事人的辩护权、知情权、隐私权等权利。

（三）对刑事裁判功能产生削减

1. 法律解释和推理功能孱弱

是否所有的犯罪都可以用人工智能来进行裁判？刑事裁判引入人工智能提高了司法效率是否比法官裁判的效率要高，答案并非是肯定的。在刑事案件中如果遇到案情难以认定的情况，可能法官裁判更适宜。② 认罪认罚案件是当前我们司法改革的重大课题，针对轻罪案件，可以适用速裁程序、简易程序、普通程序中适用，结合刑法的目的来说是惩罚和预防双重结合体，在疑难案件中往往出现裁判无从下手，因为可能出现多个事实或者无规范可以适用，造成无法从把事实分别对应到法律规范中去。人工智能在疑难案件中是无法通过算法的运行进行解决，此时需要进行法律解释，运用刑法解释的方法进行论证，包括了文理解释和伦理解释，通过解释尽可能符合立法的本意。规范思维是法律解释和法律推理论的本质，而法律解释和推理论证的过程包含了价值判断。③

① 王禄生：《司法大数据与人工智能开发的技术障碍》，《中国法律评论》2018年第2期。

② 孙皓：《僵化与恣意之间：刑事司法决策的经验尺度》，《环球法律评论》2021年第3期。

③ 季卫东：《人工智能时代的法律议论》，《法学研究》2019年第6期。

以法律解释为例，法律解释包含了大前提和小前提，通过把小前提包含的具体事实函射到大前提包含的抽象的法律规范中得到三段论逻辑推演的结论。但是在法律解释是基于主客观情况保持不变，可以得出唯一正确的结论，如果法律解释因为其他因素，例如，偶然性或者裁判者个人因素而导致法律解释不能得出唯一性，此时刑事裁判就无法从抽象的法律规范中进行寻找和获取。[①] 不仅涉及的法律解释和推理，疑难案件的复杂性还体现在社会关联性强，事实往往难以认定，需要结合价值判断，甚至寻找法律原则和风俗习惯进行考虑，因此刑事裁判引入人工智能并不能完全解决疑难案件的类型。

2. 司法量刑呈现机械化

从量刑论的角度来看，在我国刑事法理论上和司法实践中长期存在着重定罪轻量刑、重定性轻定量的观念和做法。刑事审判的核心问题是在于裁判量刑，而不是定罪。在刑事裁判中引入人工智能技术可以量刑进行量化设置，但是人工智能的量刑与法官自由裁量权相比，在避免了法官量刑恣意的同时也容易出现量刑机械化的情况，例如，交通肇事致人死亡和危险驾驶致人死亡都出现了死亡的结果，但是忽略了行为人的故意和过失的主观心理状态，则量刑过于机械。人工智能量刑是通过“知识图谱+深度学习”，知识图谱是通过既往的裁判数据进行投喂，形成量刑的图谱体系，系统预先设定量刑的标准，看似完美地安排了当犯罪行为人被经过定罪评价之后可以顺利量刑评价，以实现人工智能在刑事案件中的裁判，实则无法达到完美的效果。

量刑真正需要解决的问题主要不是解决刑的计算问题，而是如何通过对影响刑罚的所有因素（包括个人的和社会的因素）进行综合考量与平衡，最后得出对犯罪人最适当的刑罚。[②] 正是因为预先在量刑系统设计了不同的模型，反而会导致量刑严格按照设定的自然语言的流程运行直至输出量刑结果。如果有行为人在公共场所危险驾驶和行为人在偏僻的道路上危险驾驶，虽然可能都会构成交通肇事罪，这是知识图谱的预先设定，深度学习的机器识别能否抓取到行为人信息是存在疑问的。人工智能裁判得出了裁判结果，但是这样的裁判结果能否经过经得起考验同样存在疑问，司法裁判是天理、国法、人情相结合的产物，实现正义依靠的是实质判断，而不是体现相关性的概率计算。[③] 如果裁判结果变成了冷冰冰的机器裁判，司法失去了公信力，损害了实体公正。

---

① Mash Medevac, Michel Vols, Martian Wailing, “Using Machine Learning to Predict Decisions of the European Court of Human Rights”, *Artificial Intelligence and Law*, 2020, pp. 237–266.

② 熊秋红：《人工智能在刑事证明中的应用》，《当代法学》2020 年第 3 期。

③ 马长山：《司法人工智能的重塑效应及其限度》，《法学研究》2020 年第 4 期。

3. 审级功能被破坏

《中共中央关于全面推进依法治国若干重大问题的决定》提出了以审判为中心的诉讼制度改革的目标，以审判为中心在我国刑事诉讼法中具有诉讼理念、基本原则和诉讼模式的地位，[①] 在审判为中心下强调一审在事实认定和法律适用的作用，实现庭审实质化。刑事裁判中引入人工智能技术在程序法上会导致以“审判为中心”的原则受到冲击，破坏审级制度、会损害法官独立行使审判权。[②] 如果被告人不服一审法院的判决，而一审的判决是通过人工智能裁判系统作出的，进入二审后又通过人工智能系统，则二审就失去了解决争议的功能，同时二审中也并没有贯彻事实审和全面审的原则，这是对我们的审级制度的动摇，违背了司法体制改革的规律和要求。

二审终审制是我国长期坚持的审级制度，党的十八届四中全会指出要完善审级制度，一审重在解决事实认定和法律适用，二审重在解决事实法律争议，实现二审终审，再审重在解决依法纠错、维护裁判权威。刑事一审中人工智能通过对事实认定以及适用法律，被告人对一审的裁判结果不服，二审同样通过人工智能再裁决不可避免会用到一审的事实认定和法律适用的依据，被告人的诉讼权利并没有通过上诉制度进行很好的保护。二审解决事实和法律争议，再审纠错的功能因为人工智能的介入而名存实亡，审级制度失去了设置的价值，使全部案件只有一审程序，后续的二审和再审只是一审在程序意义上的重复，两审终审制没有实现，因此审级功能因为人工智能介入被破坏。

四　破解路径：刑事裁判引入人工智能的未来

科学技术的发展是不可避免的趋势，科技+法律是法学未来发展的必然选择，现阶段科技已经通过各种方式与法律紧密结合。因此我们在关注科技给法律的原则、价值、框架带来挑战的同时，也不能忽视科技对司法产生的积极作用，科技让法律公正变得可视、科技方法论丰富了法律研究和实践的方式，科技热发展与法学冷思考相得益彰。[③] 科技发展给法理带来挑战、在实践存在困

---

① 李建明、许克军：《“以审判为中心”与“认罪认罚从宽”的冲突与协调》，《江苏社会科学》2021年第1期。

② 胡铭、张传玺：《人工智能裁判与审判中心主义的冲突及其消解》，《东南学术》2020年第1期。

③ 孙道萃：《我国刑事司法智能化的知识解构与应对逻辑》，《当代法学》2019年第3期。

难的现阶段，从具体问题着手，具体问题具体分析，如何在刑事裁判中把人工智能运用好，更好地服务于法律，把科技融入法学发展和实践中去。

（一）明确人工智能在刑事裁判的定位

刑事裁判中包括了控辩审三方之间的关系，无论是采取职权主义的模式还是当事人主义的模式，控辩审三方的构造应当是个稳固的三角结构。刑事裁判中人工智能参与进行提高了诉讼的效率，节约了司法资源，但是人工智能却直接或者间接地代替了法官处理事务性事务和基础性事务，因此我们在刑事裁判中必须明确人工智能主要是辅助和服务法官的司法裁判，不能干预正常的审判活动。[①] 尤其直接涉及犯罪嫌疑人、被告人的人身和财产的重大刑事裁判。同时也可以帮助法官处理部分规范性事务，但是法官享有自主决定权，落实法官独立裁判的原则，做好和法官责任制的衔接。刑事裁判引入人工智能可以缓解“案多人少”的问题，让法官把有限的精力花在需要处理的案件上，人工智能辅助法官处理一些非法官必须处理的事项，法官可以集中精力思考，提高案件处理的效率，作出公正的裁决，那么相对于公正来说，效率也不可忽视。

目前人工智能处于弱人工智能阶段，在司法实践中人工智能可以实现语音转化、案件检索、文书送达、卷宗整理归档等功能。强人工智能阶段，在刑事审判过程中，人工智能可以提出精准量刑的参考，对证据材料进行校验。同时人工智能在司法中也便利了法院内部的管理和考核，网络留痕记录避免了不透明的操作。司法人工智能的学科性质决定司法人工智能不是一项纯粹的理论研究，必须考虑到人类所掌握的科学技术能否满足某些理论预设的条件。[②] 司法从其自身的属性来看有定纷止争的性质，而司法是社会公正的最后一道防线，随着现代社会的发展，司法的外延有所扩大，刑事司法保障服务经济高质量发展，对破坏社会稳定的犯罪行为予以惩处，推动社会协同治理，尤其把人工智能引入刑事裁判可以延伸刑事司法的功能，减少社会运行的成本，有利于进一步发挥司法的保障社会公正作用，因此把人工智能定位于辅助刑事裁判，这是人工智能技术与司法良心互动的最佳方式。

（二）限制人工智能裁判的类型

刑事裁判引入人工智能必须定位于工具主义的功能，不能用人工智能裁判

---

① Henry Prakken, “A New Use Case for Argumentation Support Tools: Supporting Discussions of Bayesian Analyses of Complex Criminal Cases”, *Artifcial Intelligence and Law*, 2020, pp. 27-49.

② 罗维鹏：《人工智能裁判的问题归纳与前瞻》，《国家检察官学院学报》2018年第5期。

代替法官独立裁判。因此必须对人工智能的裁判类型进行限制。第一，人工智能裁判仅限于案件事实清楚、争议不大的简单案件。轻罪案件往往体现出证据简单、危害不大、事实清楚等特点。结合当前认罪认罚改革的现状，80%左右的案件轻罪化趋势，所以人工智能在处理简单案件时，可以在不损害公正的前提下进一步提高诉讼效率。而复杂案件往往是事实难以认定、一个案件存在多个法律关系、社会影响性较大，同时还要涉及复杂的价值判断，如果用人工智能处理则会导致无法针对个案形成有效的裁判。未来刑事司法构造，应当是“人类法官解决复杂案件”“智能算法解决简单案件”的两种裁判模式。①

第二，人工智能裁判限于量刑阶段，定罪阶段不能让人工智能介入。人工智能引入刑事裁判在对犯罪行为惩罚时是刑罚目的实现过程，人工智能在犯罪量刑过程中需要有数据进行充实，在数据库中要有不同时间的案件数据，② 也有要不同区域的案件数据，如果数据量不足以支撑人工智能对于量刑的需求，则人工智能并不能在量刑中发挥实际作用，而量刑又关系到刑罚的目的能否实现，让有罪之人受到惩罚，让无辜之人受到保障是我们刑罚的理想状态，人工智能在刑事裁判中根据既往的案情是基于经验主义的设计，那么在底层设计的必要按照规范主义设计，从犯罪的构成体系到法律推论的过程再到法律规范的援引都要遵守规范主义的要求。③ 如此于人工智能裁判时在底层规范设计时按照刑事法律的规范运用认定事实、适用法律对犯罪行为进行规制惩罚，同时根据填充分布在不同时间和地区的案件适用逻辑算法，对可能存在的犯罪行为产生预测效应，人工智能在经验主义和规范主义双重运行中实现惩罚和预防的刑罚的目的和功能，这也是刑事裁判引入人工智能关于刑罚观的设计逻辑。

（三）遵循正当程序的要求

正当程序是刑事裁判的基本原则，在正当程序之下达到惩罚犯罪与保障人权统一的原则，实现诉讼过程和诉讼结果的公正。人工智能的引入极易造成权

① 张玉洁：《智能量刑算法的司法适用：逻辑、难题与程序法回应》，《东方法学》2021 年第 3 期。

② 左卫民教授通过实证研究方法发现已公开裁判文书不能反映出真实的司法实践全貌及研究者未能跳出现有法律理论的先验框架，同时裁判文书是不完整的记录。参见左卫民、王婵媛《基于裁判文书网的大数据法律研究：反思与前瞻》，《华东政法大学学报》2020 年第 2 期。

③ Basmati Underlie & Cohan Landholding, Peek-A-Boo, “It's a Case Law System! Comparing the European Court of Justice and the United States Supreme Court from a Network Perspective”, *German Law Journal*, 2017, pp. 647-686.

力的扩张和权利的减损，为此正当程序在刑事裁判中的地位越发重要，人工智能时代掌握话语权的人往往是人工智能技术设计和运行者，而不是使用人工智能技术的人，应当通过严格的法律规范和法律程序进行规制，应当事先进行监管，不能等到损害事实发生后再通过惩罚手段进行补救。人工智能技术与人的裁判相比，并非高“人”一等，相反人工智能的设计和运行是基于人的观念、价值，带有人的意识。刑事裁判是以公民的自由、财产、生命以及隐私等利益为代价的，人工智能如果不按照法定程序进行导致的错误是司法难以承受的。

刑事裁判中引入人工智能的目的是便利了司法机关，司法机关在享受科技带来的便利的同时，也不能随意用科技侵犯公民的基本权利，在运用人工智能时必须严格按照法定程序、法定条件，不能毫无节制地使用人工智能，不能将技术不确定性的风险带给刑事裁判的当事人，尤其要把对被追诉人的损害降到最低。法律是有成本的调整模式，因而只是调整足够重要的社会关系；而在这些社会关系中，法律也不是对所有相关行为进行调整，而往往只是在纠纷发生后被动地进行调整。[①] 刑事裁判中不能因为人工智能的介入而对当事人的权利造成过度损害，因此司法机关应当对当事人进行数据共享，建立跨学科和跨主体的多元数据联动与共享平台，[②] 恪守客观义务，积极地进行信息披露，通过扩大当事人的知情权、程序选择权和减少对当事人隐私权的方式来进行和缓，不能因为数据垄断的地位，而损害了当事人平等参与诉讼的权利。

（四）保障当事人权利

刑事裁判中引入人工智能也让辩护方的不平衡性加剧，为了缓解这一问题，必须加大对辩方权利的保障。赋予辩护律师访问储存在人工智能的权利，数据共享不仅要在公权力机关内部共享，也要给予私人主体共享的机会。建立技术人员解释的机制，因为法律工作者是科班出身，并不懂技术，通过技术人员解释可以增加人工智能裁判的公开度、透明度和公信度。[③] 强调刑事裁判引入人工智能可以在惩罚犯罪的同时也不能忽略保障人权，侦查、审查起诉、审判整个刑事诉讼过程中被告人在国家追诉主义的模式下处于弱势地位，刑事裁判引入人工智能，这就可能会导致被告人的权利受到损害，目前讨论最多的是

---

① 吴旭阳：《法律与人工智能的法哲学思考——以大数据深度学习为考察重点》，《东方法学》2018 年第 3 期。

② 孙跃：《论智慧时代疑难案件的裁判：机遇、挑战与应对》，《法律适用》2020 年第 14 期。

③ Olga Shula，Hadith Shorthand，Adam Winery，“Recognizing Cited Facts and Principles in Legal Judgement”，*Artificial Intelligence and Law*，2017，pp. 107-126.

侦查过程中的被告人的隐私权的保护问题。

在刑事审判阶段被告人的辩护权显得尤为重要，这是被告人对抗公诉权的防御型权利，那么在人工智能裁判中不能损害或者剥夺被告人的辩护权。在事实的查明、证据的认定、法律的适用等阶段中要保证程序公开透明，保障被告人的知情权。① 刑事裁判引入人工智能要以尊重和保障被告人的基本权利为基础运行，因为人工智能自身的模型的嵌入和算法的设计是按照法院等公权力机关的要求建构的，而被告人在刑事诉讼中具有天然的脆弱性，处于人工智能适用的“盲区”。人工智能存在“算法黑箱”的问题切不可在刑事裁判中造成了“辩护黑箱”，也不可因为被告人社会身份、经济地位的不同造成了量刑歧视，否则刑事裁判引入人工智能反而损害了保障人权的价值，失去了其意义。借助大数据技术，实现审判体系和审判能力现代化，不能停留在提高效率、降低成本的角度，而应更加关注如何进一步促进公正司法。②

（五）完善风险评估处理机制

人工智能技术作为现阶段创新水平和创新能力的体现，在运行和实施过程依然存在着技术风险，人工智能技术与人的价值判断性较强的司法裁判结合之后会出现算法偏见和歧视，易导致刑事裁判失范。因此对于人工智能产生的司法风险应该以预防与救济相结合，即通过评估和审查等方式进行预防，通过惩罚使用者来进行救济。预防和救济应当集中在事前预防和事后救济的阶段，但是也要对人工智能在刑事裁判过程中进行监管，从而形成了事前预防—事中监管—事后救济的完整的风险评估处理机制体系，同时也应当重视培养既懂法律又懂技术的复合型人才，以适应我国司法智能化的现实要求。③

具体而言，事前预防是对人工智能应用到司法活动中设置准入门栏，对人工智能技术能否完整恰当进行评估，对科技公司的研发能力进行评估。如果涉及科技公司与法院开发的智能系统要进行统一的招标，明确科技公司只能对智能裁判系统进行维护和更新，在设计过程中应当公开透明，让司法人员看得懂。事中监管是指人工智能系统在实际运行过程中对使用情况的监督管理，避免算法在使用过程中被篡改，在日常使用中还要出具使用报告，避免随意使用。例如，每次审判活动结束后，人工智能系统可以根据审判的情

① 左卫民：《关于法律人工智能在中国运用前景的若干思考》，《清华法学》2018年第2期。

② 刘艳红：《大数据驱动审判体系与审判能力现代化的创新逻辑及其展开》，《东南学术》2020年第3期。

③ 卞建林：《人工智能时代我国刑事诉讼制度的机遇与挑战》，《江淮论坛》2020年第4期。

况，出具单次使用人工智能系统的报告，便于对人工智能使用过程中的监管，同时可结合区块链的存证留痕技术对人工智能的适用情况进行卡点定位。在事后救济阶段要对人工智能造成的错误要有负责的主体，不能因为技术风险而让裁判的法官承担责任，明确人工智能设计者、维护者、使用者的责任形式，不能把责任落到某一方，更不能把人工智能技术的缺陷作为司法人员逃避责任的借口，明确“让审理者裁判，让裁判者负责”。形成风险评估处理机制体系化，使人工智能在刑事裁判中变得可控，既可以让人工智能辅助法官有效处理基础性事务，尊重法官主体地位，[①] 也可以让法官利用人工智能高效准确地处理案件。

五　结语

人工智能与司法之间的结合是不可阻挡的趋势，而刑事裁判引入人工智能是当前以及未来必然选择，作为法律人我们应当保持自身的理性，这种理性并不是说要排斥人工智能，而是要理性思考科技热潮之下刑事裁判引入人工智能的“变”与“不变”。人工智能是给刑事裁判提供方法论的指引，始终处于辅助地位，即辅助决策、辅助办案。人工智能在刑事裁判中若要发挥其作用，最根本的是要遵循司法规律和原则，审判权独立行使、司法亲历性、保障公民人权是现代司法文明的标志，不可因为人工智能的介入而动摇。数字化革命不应由立法者的臆想孤注一掷地应对，而应伴随着谨慎、适度的法律演进一同发展。[②] 立足于当下人工智能在刑事裁判中的局限性和不确定性，明确人工智能在刑事裁判中的定位是方向性问题，遵循正当程序和保障当事人的知情权、隐私权、选择权，限定人工智能的裁判类型以及完善风险评估处理机制，处理好人工智能与司法人员之间关系，人工智能是迈向智慧司法的新台阶。

---

① 周强：《科技创新驱动智慧法院建设　司法服务保障科技创新——在“信息技术与法治建设”科学与技术前沿论坛上的讲话（摘登）》，《人民法院报》2021 年 5 月 17 日第 2 版。

② ［德］埃里克·希尔根多夫：《自动系统、人工智能和机器人——一个刑法角度的定位》，黄笑岩译，《法治现代化研究》2019 年第 1 期。

Towards Smart Judiciary: Legal Challenges and Solntions to the Introduction of Artificial Intelligence in Criminal Judgments

Hong Gang

Abstract: The introduction of artificial intelligence in criminal justice is a general trend of the combination of justice and science and technology. It has its generation and existence background. Countries in the world have different attitudes in dealing with the application of artificial intelligence in criminal justice, or open or cautious. The introduction of Artificial Intelligence in criminal justice is based on the judicial theory of digital justice, scientific methodology and preventive justice, but there are also legal challenges that artificial intelligence is incompatible with the legislative purpose, value and principles of criminal justice. In criminal judgment, it is necessary to clarify the position and type of artificial intelligence, follow due process, protect human rights, and improve the risk assessment and processing mechanism, so as to realize the application of artificial intelligence in criminal judgment. The introduction of artificial intelligence in criminal judgment has made many achievements, but it also faces difficulties and challenges. This is a problem that our legal researchers need to think about and treat seriously at present. It is urgent to respond in judicial theory, so that artificial intelligence and judicial interaction and integration can promote the perfect development of China's judicial system.

Key words: Criminal Judgment; Artificial Intelligence; Legal Challenge; Cracking Path

动物致害责任下人工智能体自发侵权责任的承担

杨贺迪*

摘　要： 人工智能体自发侵权是在排除"人"的介入后，人工智能体基于内置算法结合相应数据自主做出的导致侵害他人权益所产生的侵权。人工智能体具有深度学习与自主行为的能力，塑造了不可解释性与不可预测性的特点，对现有规则制造了解释难题。厘清当前发展阶段人工智能体的技术运行原理，认定其客体地位是规范人工智能体自主侵权的前提，其本身存在的危险是人工智能体自发侵权的客观归责事由。在人工智能体的当前发展阶段，适用动物致害责任解决人工智能体自发侵权最具正当性。第三方数据服务平台是数据提供者与决策层的运行者，对人工智能体负有管理义务，在人工智能体自发侵权后与所有人、管理人共同承担责任。

关键词： 人工智能；权利客体；归责事由；动物致害责任

引言

人工智能是研究、开发用于模拟、延伸和扩展人的智能的理论、方法、技术及应用系统的一门新的技术科学。① 简言之，即是利用机器模仿人的智能行为。近年来，随着大数据、算法、移动互联网、传感网和脑科学等人工智能相关技术取得突破性进展，人工智能技术已成为国际科技竞争的新焦点。我国于2017年7月8日印发并实施了《新一代人工智能发展规划》，旨在抢抓人工智能技术带来的重大战略机遇，构筑我国人工智能发展的先发优势，确立了先加

---

* 杨贺迪，吉林大学法学院博士研究生。

① 赛迪：《人工智能核心产业发展白皮书》，《中国计算机报》2018年11月26日第8版。

快核心技术研发应用，再逐步建立人工智能法律法规的战略规划。

新技术的发展通常也伴随着新风险的产生，人工智能体（人工智能技术的具体应用）致人损害已为现实。2007年美国食品药品监督管理局就曾收到200余次指控医疗外科手术机器人导致病人受损的投诉，其中包括89例致人死亡的事故。[①] 2018年3月20日，美国发生首例无人驾驶汽车致人死亡的事故。随着各项技术的日益成熟，人工智能体应用必然更加广泛，新型致害案件将进一步增多。在人工智能法律法规相对滞后的前提下，于现行法律框架内解释人工智能侵权具有现实意义。

当涉及人工智能体自发侵权案件时，首先应划清损害究竟是"人"的行为还是"物"的自发行为所致。若是由"人"的行为造成损害，相关案件中人工智能产品只是一种辅助侵权的工具而已，其无非是人工智能技术华丽外表下的传统侵权行为，如第三人通过非法侵入的方式控制人工智能体进而造成损害、算法设计者过失造成设计缺陷造成损害、人工智能体使用人因不当使用而造成损害等。人工智能体自发侵权是在排除"人"的介入后，人工智能体基于内置算法结合相应数据自主做出侵害他人权益所产生的侵权。从技术上看，人工智能体做出的行为，实际上是对人工智能模型输入一定数据而得到的输出结果，其基本模型可以用"输出=人工智能模型（基础算法+训练材料+输入）"表示。侵权的输出结果实际受到基础算法、训练材料和输入行为三个要素的影响，而这三个要素可能独立导致侵权结果，也可能相互作用累积引起侵权。本文所讨论的正是后一种侵权的责任承担问题。

一　当前发展阶段人工智能体的运行结构

当前，人工智能体已广泛出现在日常生活中，其不仅是工业社会生产自动化的延续，也是互联网商业化的必然结果和新阶段，应避免将其神秘化。[②] 从理论上厘清当前人工智能技术的发展阶段，进而从技术上剖析其运转机理是进行规制的前提。主流意见主张，人工智能技术阶段划分的方式主要有两种：其一，根据是对"人类智能（显性智慧能力）"还是"人类智慧（包括隐性智慧和显性智慧）"的探索、理解、模拟和扩展，可以将人工智能体划分为

---

① 吴汉东：《人工智能时代的制度安排与法律规制》，《法律科学》2017年第5期。

② 胡凌：《人工智能的法律想象》，《文化纵横》2017年第2期。

“弱人工智能”和“强人工智能”。[①] 其二，根据独立于人类的程度，可以将人工智能体划分为弱人工智能、人工智能和超人类智能。[②] 这两种阶段划分方式各有侧重，但均过于笼统，未能清晰指出当前阶段人工智能体对传统侵权法造成挑战的关键——深度学习与自主行为的能力。深度学习能力意味着人工智能体处于不断更新变化的过程，不同时期人工智能体所表现的工作内容存在差异，这造就了人工智能体的不可解释性，如侵权行为不属于任何特殊侵权责任类型而应适用过错责任原则，但因为各方主体均无法预期人工智能体在出厂后的变化，很难认为其对自发侵权导致的损害结果具有过错。自主行为能力意味着人工智能体正常发挥功能不需要人类干涉，是实现便捷人类生活的基本要求，这造就了人工智能体的不可预测性。在侵权法上，加害行为须是受到意思支配的人的行为，而人工智能体的自发行为对证明加害行为的存在造成极大的困难。本文对当前人工智能体发展阶段的界定主要围绕以上两大能力构建，即通过具有深度学习能力的显性智慧独立自主地完成单一领域的特定工作。

在人们的直观视野中，往往认为在物理上与外界环境交互获取数据并直接服务于人类生产生活的终端即为人工智能体的全部技术构造，这显然忽视了人工智能体运行的技术前提。由于当前阶段的技术限制，仅依据单一硬件的物理体积无法容纳处理当量数据的计算机，而不接入网络亦无法实现智能产品设备之间的互联互通以至于无法实现人工智能体的基本功能。所以，在当前发展阶段，实现人工智能体的有效运作至少需要三层架构，即感知层、网路层、决策层。感知设备与服务终端是人工智能体的基础，就好比五官与皮肤，具有外显性，负责从外界环境中获取数据并直接服务于用户。人工智能体自主决策必须通过数据供给，接入网络交换数据是实现人工智能体基本功能的必要条件，网络层就如同神经将五官感受到的数据传递到大脑。决策层即为大脑，可通过分析相应数据自主做出决策，以提供特定的服务。从此视角观察，人工智能体的运行架构无非就是把一个生物的具体功能放大，也意味着人工智能体的“大脑”“感官”和“四肢”是可以分离的。[③]

---

① 钟义信：《人工智能：“热闹”背后的“门道”》，《科技导报》2016年第7期。

② 弱人工智能须有人类的帮助才能完成相应的任务，具有单领域性，只能完成特定领域的工作，并不具备真正的智能，无非是人类的一种辅助工具而已；人工智能的标志是完全自主的行动，具有人类所有的认知能力，可以由同一智能系统执行不同的认知任务，即不需要人类介入的“感知—思考—行动”；超人类智能，其非但具备人工智能阶段的特点，还可完全脱离于人类而存在，在综合智能上超越人类。参见刘小璇、张虎《论人工智能的侵权责任》，《南京社会科学》2018年第9期。

③ 郑戈：《人工智能与法律的未来》，《探索与争鸣》2017年第10期。

在当前数据占有失衡的背景下，决策层往往是由第三方数据服务平台提供服务。销售者只是将智能终端出售给用户，但实际上其商业模式是大规模出租，因为这些人工智能体在本质上不受用户控制，无法轻易行使支配权，其本质为人工智能集群的个体代理人。[①] 且在当前阶段，人工智能体得以正常运转，借助的是万物互联，即海量数据的支撑，若人工智能体失去这些数据的“喂养”将无法正常运行，而这些数据的所有权归属于第三方数据服务平台。[②] 因此，可以将人工智能体看作一个平台入口，是整套运作模式不可分离的有机组成。

概言之，当下人工智能体的技术原理即是通过传感器对海量数据自动挖掘，而后借助互联网服务传递数据，依靠算法（如机器学习和神经网络）做出决策与行动。[③] 在未来，交通运输、医疗、工业、教育、服务业等诸多领域的人工智能技术具体应用将在人类社会中司空见惯，不需单独对自动驾驶汽车、医疗机器人、机械臂所涉及的法律问题单独做出解释。刺破人工智能体的面纱，透视其底层技术运作逻辑，厘清各方主体所获利益，方能进一步为人工智能体自发侵权责任承担提供正确解释。

二　人工智能体的非主体性地位证成

面对着这样一种即将出现在社会生活各个角落的高度智能化技术，厘清其与人类的关系是进行相关研究的前提。关于是否赋予人工智能体主体地位，当前学界主要有以下三种观点：其一，“人格否定说”。该观点认为，人工智能机器人不具有法律人格。人工智能体归根结底不过是被人所支配的一种物而已，不具有民事权利能力、民事行为能力、民事责任能力。[④] 人工智能体根本上还是人类改造世界或为自己服务的工具，只不过这种工具比其他工具先进。[⑤]“电

① 胡凌：《平台视角中的人工智能法律责任》，《交大法学》2019年第3期。

② 张志坚：《物、财产抑或工具：人工智能法律属性比较分析》，《西北民族大学学报》（哲学社会科学版）2021年第6期。

③ 胡凌：《人工智能的法律想象》，《文化纵横》2017年第2期。

④ 房绍坤、林广会：《人工智能民事主体适格性之辨思》，《苏州大学学报》（哲学社会科学版）2018年第5期。

⑤ 孙宏涛、郭莹莹：《人工智能机器人民事法律责任制度的反思与重构》，《广西社会科学》2020年第1期。

子奴隶说”是工具说的延伸，认为人工智能不具有人类特殊的情感与肉体特征，不需要休息，是具有自主性的机器，可以执行指令但不可主张权利，并不具有独立的法律地位。① 其二，“人格肯定说”。该观点认为，人工智能机器人应赋予法律人格，主要理由包括人工智能体可以做出特定行为、能自主做出分析判断、在某些人类显性智慧能力方面有超越于人类的表现等。但由于人工智能体享有与人类平等的法律地位过于激进，部分学者提出了相对缓和的观点。例如，人格拟制说主张对待人工智能体应当像赋予胎儿人格一样，可通过“视为”途径赋予人工智能体法律人格。②“代理说”认为，人工智能体是其拥有者的代理人，因代理行为产生的侵权后果应由被代理人，即人工智能体的所有者或使用者承担。③ 其三，折中说。这种观点认为，从思维能力角度看，人工智能体的地位已经超越了物的概念，但从工具论角度，人工智能依然未能摆脱为人类服务的“工具”角色，既不能完全肯定其法律人格，也不能完全否定。④ 对此，可以赋予人工智能体一种电子人格，只被赋予作为主体部分的权利与义务，并不具有承担完全责任的能力与地位。

人工智能体的法律地位主要取决于人工智能技术的发展水平、人工智能体的智能程度高低等因素。根据上文对人工智能体当前发展阶段的界定，笔者认为，人工智能体只能是法律关系中的客体，而不能作为主体，主要理由如下：

第一，人工智能体缺乏人之属性。成为法律主体意味着两个条件的统一，即一方面应当拥有享有权利和履行义务的法律资格，另一方面实际具备享有权利和履行义务的意志能力。⑤ 人工智能体虽具有与人相类似的特性，但人之所以为人是因为人符合生理学、心理学、社会学三个要素。当前阶段的人工智能体无法满足以上条件，不同于人类有目的、有意识地独立做出意思表示，人工智能体所生成的目的行为由人类事先设定，其只具有人类显性智慧能力的一部分，但却不具备人之心性与灵性。⑥

第二，人工智能体尚不完备主体性构成要件。与现有的法律主体需要达

---

① 游文亭：《人工智能民事侵权责任研究》，《学术探索》2018年第12期。

② 陈吉栋：《论机器人的法律人格——基于法释义学的讨论》，《上海大学学报》（社会科学版）2018年第3期。

③ 游文亭：《人工智能民事侵权责任研究》，《学术探索》2018年第12期。

④ 易继明：《人工智能创作物是作品吗?》，《法律科学》2017年第5期。

⑤ 冯洁：《人工智能体法律主体地位的法理反思》，《东方法学》2019年第4期。

⑥ 杨立新：《用现行民法规则解决人工智能法律调整问题的尝试》，《中州学刊》2018年第7期。

到一定标准才具有责任承担能力类似，人工智能体要成为侵权责任承担主体，同样必须确定人工智能体是否具有法律要求的作为侵权责任承担主体的资格。但是，由于人工智能体涉及多种复杂技术，相关行为的选择机制只有很少的专业人士才真正清楚，在设计人员拒绝提供相关证据的情况下，要证明特定人工智能体是否具有自主意志及具有何种程度的自主意志，对于提出侵权事实主张的被侵权人来说无法完成。因此，在人工智能体主体标准认定存在技术障碍的情况下，授予人工智能体法律主体地位在司法实践上无法操作。

第三，人工智能体作为侵权责任主体不符合实质性解决侵权纠纷的诉讼目标。侵权责任主体的设置必须能够在最大限度上实现争议当事人双方矛盾的消除。然而，人工智能体并不具有承担自身侵权责任的财产权，无法对被侵权人做出实质性补偿，需要进一步寻找责任承担主体，进而导致侵权争议的解决复杂化、困难化，反而不利于当事人合法权益的保护。①

第四，人工智能体如被认定为法律上的主体，主体法时代的法律框架将可能坍塌。② 创造人工智能体是为了服务人类自身，赋予人工智能体民事权利能力从根本上损害人类自身的发展。人工智能体所引发的问题，完全可以在既有的法律体系中加以解决，没有必要将人工智能体拟制为法律上的主体。③ 人工智能体所造成的损害，责任最终都将由人来承担，所谓的“法律人格”是没有意义的。④ “赋予人工智能法律主体地位就是为了解决无主体状态的各个法律关系，而非因为人工智能是一个事实上的主体。”⑤ 人工智能体的基本功能定位决定了其服务于法律主体的从属性，从而无法其成为法律主体。

综上，尽管人工智能体拥有自然人人格的某些要素，但是其法律地位与自然人之间具有不可逾越的界限，基本属性仍然是物。人工智能体享有法律主体资格的论断缺乏合理性、可能性、便捷性和必要性，当前将其认定为权利客体能够正确揭示其本质特征。

① 王利明：《人工智能时代对民法学的新挑战》，《东方法学》2018 年第 3 期。

② 王艳慧：《人工智能民事主体地位的论证进路及其批判》，《华东政法大学学报》2020 年第 4 期。

③ 龙文懋：《人工智能法律主体地位的法哲学思考》，《法律科学》2018 年第 5 期。

④ 张善根：《人工智能从属法律主体论的理论基础与技术甄别》，《求索》2021 年第 6 期。

⑤ 张善根：《人工智能从属法律主体论的理论基础与技术甄别》，《求索》2021 年第 6 期。

三　人工智能体自发侵权的归责事由

归责事由是对那些能够使得已发生的损害被转移的法律原因的统称，[①] 是确认和追究侵权人的侵权责任需要以归责事由为依据。在否认人工智能主体性的逻辑前提下，应将受害人损害归责于某一行为主体。我国法律体系内的归责事由包括主观的归责事由与客观的归责事由。

主观的归责事由即依据行为人有无过错，确定其赔偿义务（责任）。[②] 人工智能体基于训练材料不断学习，使用后与刚出厂时在“思维”上已完全不同，这种深度学习能力导致了人工智能体的不可解释性；人工智能体的自主行为是通过算法结合数据直接做出的，全过程排除人的介入，这种自主行为能力又导致了人工智能体的不可预测性。就侵权归责而言，这二者均阻碍了过错作为人工智能体自发侵权归责事由的正当性。在人工智能体运作的全过程中，没有主体对其施加影响，更遑论存在过错，如适用过错责任原则显然会使受害人对外力造成的损害自担风险，显然有悖法理。如此，势必会大幅降低公众对人工智能体的信心，进而影响行业整体发展，不利于国家在此重大领域的竞争。

在我国法上，客观归责事由有三类：危险、控制力、公平。[③] 其中控制力对应的是无过错责任中的替代责任，在否认人工智能体主体性后自然不予考虑；公平对应的是公平责任，基于其立法目的与人工智能自主侵权领域亦无涉。以危险作为归责事由即在行为人从事具有高度危险的活动时，倘因危险之现实化而致人损害，行为人须承担赔偿责任。危险归责事由对应无过错责任中的危险责任，笔者认为，人工智能体自发侵权应适用之。

其一，基于危险责任的法理依据。人工智能技术作为一种还未被人类完全理解的技术，其不可控制性决定了其作为潜在危险的正当性。损害乃是危险之现实化、具体化，危险则为潜在化、抽象化之损害可能性及状态。“该等潜藏危险会不知何故或查无线索而突然具体实现，致生他人损害。”[④] 人工智能体基于自身技术性所带来的潜在危险存在爆发的可能，一旦此内生性

---

① 程啸：《侵权责任法教程（第四版）》，中国人民大学出版社2020年版，第89页。

② 程啸：《侵权责任法教程（第四版）》，中国人民大学出版社2020年版，第89页。

③ 程啸：《侵权责任法教程（第四版）》，中国人民大学出版社2020年版，第89页。

④ 李昊：《危险责任的动态体系论》，北京大学出版社2020年版，第13页。

危险现实化，相关主体就应对此承担责任。对人工智能体自发侵权适用危险责任，亦有利于督促最接近损害发生的来源的相关主体控制危险，防止损害的发生。

其二，基于危险责任的设立目的。危险责任制度源于资本主义机器大生产时期，以保障机器事故造成的损害能得以赔偿，解决过错责任在工业文明下无法满足公平正义需要的问题，19世纪中后期，危险责任逐渐兴起，第一部危险责任的立法见于1838年《普鲁士铁路法》，此后德国通过特别法将危险责任原则应用于各领域。① 随着风险社会下新型风险的凸显，危险责任的“领地”将不可避免地进一步扩大。② 人工智能体是智能机器，属于广义的机器范畴，其与非智能机器生产对于无过错责任的应用完全契合。

其三，基于危险责任的社会本位。过错责任集中体现了个人本位，是主观责任、个人责任；而危险责任则是社会本位的产物，是客观责任、团体责任或对自己控制物的责任。③ 从规范对象上说，个人本位即是行为本位，社会本位亦即资源本位，危险责任是资源本位下的产物。人工智能是资本主义和消费主义发展到更高阶段的产物，④ 且已经应用到了日常生活中，其普遍程度不亚于机动车与高度危险物等。对人工智能体侵权适用无过错责任并不违背公平原则，符合公众心理预期。

其四，基于危险责任的现实功能。危险责任仅需证明人工智能体的行为与损害结果之间存在因果关系即可，主观过错并不在考虑范围内。危险责任不是对不法行为所负的责任，其根本思想在于不幸损害的合理分配。在受害人对遭受的损害不存在过错的情况下，让其对因果链条无法解释的损害承担责任在法律价值判断下并不公平。⑤ 在各方参与主体均不具有过错时，让无过错的人工智能体的设计者、生产者、销售者、所有者或第三方数据服务平台承担责任是“两害相权取其轻”的做法。⑥

---

① 李昊：《危险责任的动态体系论》，北京大学出版社2020年版，第48页。

② 岳红强：《风险社会视域下危险责任制度研究》，法律出版社2016年版，第275页。

③ 刘士国：《现代侵权损害赔偿研究》，法律出版社1998年版，第47页。

④ 胡凌：《人工智能的法律想象》，《文化纵横》2017年第2期。

⑤ 司晓、曹建峰：《论人工智能的民事责任：以自动驾驶汽车和智能机器人为切入点》，《法律科学》2017年第5期。

⑥ 董彪：《人工智能时代新型民事法律责任规则研究》，中国政法大学出版社2021年版，第151页。

四　人工智能体自发侵权的责任类型选择

无过错责任原则只有在法律明文规定的情况下方可适用，但人工智能体自发侵权并未被单独规定为特殊侵权规则之中。那么如尝试在当前法律体系内解决人工智能体自发侵权问题，则需要在各类适用无过错责任原则的特殊侵权责任中寻找到最优解进行类推。在我国法上，危险责任包括产品责任、环境污染与生态破坏责任、高度危险责任、动物致害责任等。其中，环境污染与生态破坏责任仅涉及人工智能体的某一适用领域，不具有普遍性，但产品责任、高度危险责任与动物致害责任相对于人工智能体自发侵权具有解释空间。

（一）产品责任的适用困境

在当前学术研究中，产品责任说获得了较多学者的青睐。但人工智能体自发侵权适用产品责任并不利于填补受害人损失与促进科技创新。

（1）要求生产者、销售者承担责任的前提是产品存在缺陷，包括警示缺陷（未充分警示消费者如何使用产品或应予注意的风险）、设计缺陷（产品的可预见风险本可通过合理的替代设计而被避免或被降低）、制造缺陷（产品偏离了设计意图、未根据既有规格进行生产）。人工智能体基于算法、数据自主做出的行为在文义上无法解释为任何产品缺陷类型。即使通过法解释的手段勉强将人工智能产品自发侵权认定为产品瑕疵所致，在生产者尽到了警示说明义务之后仍可以主张适用《产品质量法》第41条第3款“将产品投入流通时的科学技术水平尚不能发现缺陷的存在”的免责条款。从规则适用上看，受害人的受偿可能性微乎其微。

（2）被侵权人应承担产品存在缺陷、因果关系要件的举证责任，但因为人工智能体依赖算法深度学习不断生成新的规则及技术黑箱的存在，当前科学技术水平还无法准确证明。即使可以证明，证明成本亦极其高昂，在有可能承担责任的设计人员拒绝提供帮助的情况下，要证明上述要件，对于提出侵权事实主张的受害人来说几乎是不可能完成的任务。从举证能力上看，受害人的受偿可能性同样不高。

（3）人工智能时代责任分配的出发点应是在对受害人进行保护的前提下，促进科学技术的发展。首先，如果由生产者承担所有人工智能体自发侵权的责任，无疑将增加生产者不可预期的成本，导致没有生产者愿意不计成本地投入人工智能体的研发。其次，从产业和市场角度出发，采用产品责任亦会使人工智能产业壁垒更高，不利于市场公平和效率。[①] 过重的法律成本将导致中小型企业因一次产品责任事故就被迫退出市场的情况，进而导致寡头格局形成。再次，人工智能体生产企业属于科技企业的类别，由于风险明显高于普通产业，若进一步在风险承担方面给企业施压，将导致企业创新激励弱化、市场效率降低的不良后果，不利于智能经济的发展。

（二）高度危险责任的适用困境

在高度危险责任的多种类型中，人工智能体具有解释为高度危险物品的可能，但通过审慎观察可以发现，人工智能体与高度危险物品存在本质上的差异。

（1）人工智能体的安全属性。并非所有的危险物品都属于高度危险物品，除需要满足国家标准外，其认定还需要以下条件：损害发生概率高；损害后果严重；所有人等需要尽到高度的注意义务。人工智能体并不具有与当前法律明确的危险物品相同的性质，无法将其认定为高度危险物品。

（2）人工智能体的基本功能。“高度危险”意味着，某一物品具有造成他人损害的很高的概率或者可能性，即便所有人尽到了高度注意义务亦难以完全避免损害之发生。人工智能技术运用的初衷之一即是提高人类生活的安全性，人工智能体的使用多较为安全，且人工智能体的基本功能即是自主运行，不需要人工参与，不应对使用人提出过高的注意义务。

（3）人工智能体的学习能力。在人工智能体出厂后未投入运行时，同一批次产品并无差别。一旦投入运行，人工智能系统通过深度学习能力所做出的决策与行动难以预料。通过不同训练材料训练出的人工智能体，在输入相同数据时通常会做出不同的行为。人工智能体的危险性并非一成不变，完全不同于高度危险物品基于自身物理化学属性所维持的危险性守恒。

（三）适用动物致害责任的正当性基础

（1）解释上的效率性。适用动物致害责任可有效规避人工智能体自发侵权在传统侵权法上的适用困难，而人工智能体的深度学习能力与自主行为能力可有效被动物概念本身吸收，从而避免在法律上做出评价。

人工智能体的深度学习能力导致同一批次产品在出厂后表现出完全不同的行为模式，设计人亦无法预期人工智能系统在出厂后的学习结果。虽然学习算

---

① 魏益华、于艾思：《法经济学视阈下人工智能产品责任归责原则》，《吉林大学社会科学学报》2020年第2期。

法可能是公开和透明的，但它在后续数据作用过程中产生的全新模型并非如此，因为机器学习模型的内部决策逻辑并不总是可以被理解的。在动物致害责任中，在动物从母体娩出后，无论其后天经过何种人为训练与环境遭遇均不影响所有人、管理人对其内在危险的现实化承担责任。虽然在自然意义上人工智能体的技术构造与动物的大脑存在差别，但在法律上二者完全可以等同。如同动物侵权亦无必要探究动物脑内空间，将人工智能体的内部构造视作黑箱，不探究加害行为的决策机理同样不影响所有人、管理人承担责任。动物导致的损害完全源于动物自身的危险习性，动物后天的变化并不属于法律的评价范围，这就有效绕开了其他特殊侵权责任需要解释人工智能体内部运行结构的困难。

人工智能体的自主行为能力与动物的举动在外观上充分一致，可以认定为物本身内在危险的爆发。在动物侵权案件中，饲养人与管理人属于典型的对管领的物造成的损害承担赔偿责任的替代责任，简称对物的替代责任。[①] 人工智能体所依赖的算法越复杂，受害人就越难证明其中的特定错误。但与动物一样，人工智能体不具有民法上的意识，只要人工智能体的自主行为对他人造成了损害，所有人、管理人就应承担对物的替代责任，而不须考虑人工智能体的决策逻辑。

（2）举证上的简易性。人工智能体技术黑箱内部的复杂性导致当前科技水平可能无法准确证明存在加害行为及因果关系。即使可以证明，证明成本亦极其高昂：在证明存在加害行为时，须剖开“大脑”直面复杂技术与海量数据；在证明因果关系时，须解构人工智能体运行的整体技术路径，逐一审查各个环节。可见，证明以上要件，受害人单独无法完成，即使聘请专家与律师，结果亦不明朗。而在对人工智能体自发侵权适用动物致害责任后，可避免“拆开黑箱”。在加害行为的证明上，只需证明人工智能体实施了加害举动；在因果关系证明上，只需证明被侵权人所遭受的损害由人工智能体自主行为造成即可。

（3）伦理上的合理性。在俄罗斯，具有专家建议稿性质的首部机器人法草案《在完善机器人领域关系法律调整部分修改俄罗斯联邦民法典的联邦法律》（格里申法案）提到，在当前阶段可以把机器人视作与动物具有特定相似性的财产。[②] 该法案认为，机器人由于缺乏情感，不能作为权利主体，但其像动物一样可以完成自主行为，基于这一特性可以将机器人与动物相关联。该草

① 杨立新：《侵权责任法（第二版）》，北京大学出版社 2017 年版，第 405 页。

② 张建文：《格里申法案的贡献与局限——俄罗斯首部机器人法草案述评》，《华东政法大学学报》2018 年第 2 期。

案的公开意味着人工智能动物说首次以官方草案的形式出现在公众视野中，有助于启发我们在建立人类与人工智能体关系模式问题上的新思路。

当人工智能体自主做出判断并决策时，这种伴随着科技发展所产生的实体无疑已经具备了人的某些属性，这也决定了其不同于人类文明在过去制造的任何产物。根据是否有智慧性，在当前人类所能控制的物中，与人工智能体最相近的物毫无疑问是动物。人工智能体与动物的自然属性类似，也具有自主性、交互性和适应性，这使得二者在直观上具有了比较的可能。人工智能的“类人性”极易让人产生强烈的情感依赖，与宠物的功能趋同，进而衍生出人工智能伦理上的可保障性。把适用于动物的法律规则适用到人工智能体身上可以解释为：在行使权利的时候不允许违背人道原则残酷对待人工智能体。“通过限制人的行为，来达到对动物权利的保护。”[①] 这种态度和做法是比较务实的，既有助于充分尊重和人道对待人工智能体，也不至于使其与人类处于平等地位带来一系列伦理上的争论。

人工智能体应是一种比动物更“近人”的物，不同于一般物品，应作特殊对待。20世纪中叶到21世纪初，也有部分动物伦理学者主张赋予动物主体地位，但这无非只是人文关怀的一种体现，而不是为了解决现实生活中当前法制无法解决的问题。如今，由于人工智能体与动物一样具有基于外部环境决定自己行为的能力，或多或少会使人类的情感被带动而产生“母亲般”的保护欲，迫不及待地想要拥抱面前的“婴儿”，把它作为一种类似于动物的特殊物对待，足以使此情绪得到有效的释放。

五 人工智能体自发侵权的责任承担

（一）人工智能体的所有人、管理人

《民法典》第1245条规定，“饲养的动物造成他人损害的，动物饲养人或者管理人应当承担侵权责任”。动物饲养人或管理人对饲养的动物必须履行控制义务防止对他人造成损害，亦即对他人承担安全保障义务。[②] 在人工智能体自发侵权下，人工智能体的所有人、管理人是承担责任的当然主体，应防止人工智能体的内在危险现实化，对人工智能体负有安全保障义务。人工智能体的

① 腾讯研究院：《人工智能》，中国人民大学出版社2017年版，第266页。

② 苏艳英：《侵权法上的作为义务研究》，人民出版社2013年版，第194页。

所有人与管理人虽不能完全控制危险，但相对于受害人，其对制造的危险具有更为清晰的认识，最有能力控制危险的发生。[①]基于“利之所在，损之所归”的基本法律理念，人工智能体的所有人、管理人在从技术中受益的同时，也毫无疑问应对由此带来的危险予以承担。

（二）人工智能体的第三方数据服务平台

“数据资源与土地、劳动力、资本等生产要素一样，已经成为促进经济增长和社会发展的基本要素。”[②] 诚然，数据无疑是当前时代下最宝贵的财富之一，第三方数据服务平台通过提供云端运算服务等方式收集用户数据，利用其拥有的数据资源来为用户提供各种量身定做的服务，寻找到大量潜在商机。作为人工智能系统的实际管理者，第三方数据服务平台在享受着巨大数据利益的同时所负担的成本极低。人工智能技术显然不成比例地强化了一部分人的能力，即那些站在人工智能技术发展前沿的“大数据掌控者”和人工智能技术开发企业的能力。在看到背后的经济生产方式后，将人工智能视为平台经济的一部分符合常识经验。[③] 现代法治将保护弱者权益作为主要目标，让每个人都能有尊严的活着是法律的终极价值。如将数据利益的唯一享有者排除出承担无过错责任的范围之外，“强者为所能为，弱者受所必受”的局面就会成为普遍现象，造成的灾难性后果是任何社会都难以承受的。基于人工智能体的外显性，会使人容易误将责任承担链条仅停留在工业时代下的生产者与销售者，而忽略平台企业的庞大经济利益。理解生产关系中价值如何产生，以及分配环节如何设计才是审慎的，第三方数据服务平台正在通过基础服务保留强大的控制力以不断产生价值。[④] 第三方数据服务平台在人工智能体整体运作过程中获取利益的比重决定了其适用危险责任原则的正当性。

第三方数据服务平台在人工智能体运行过程除具有数据提供人身份外，还是决策层的控制人。在动物致害责任中，“动物的管理人是指实际控制和管束动物的人”。[⑤] 如将人工智能体整个运行结构看作一个完整的生物体，外部的人工智能体无疑是起到“四肢”的作用，第三方数据服务平台控制下的计算

① 岳红强：《风险社会视域下危险责任制度研究》，法律出版社2016年版，第142页。

② 马治国等：《我国人工智能基础数据的专门法保护研究》，《西北大学学报》（哲学社会科学版）2021年第6期。

③ 胡凌：《平台视角中的人工智能法律责任》，《交大法学》2019年第3期。

④ 胡凌：《平台视角中的人工智能法律责任》，《交大法学》2019年第3期。

⑤ 房绍坤：《试论动物致人损害的民事责任》，《中外法学》1992年第6期。

机则起到“大脑”的作用。所有人或管理人控制“动物”的四肢和五官，第三方数据服务平台则控制着“动物”的大脑。从这一视角看，第三方数据服务平台对人工智能体的管控力甚至超出管理人。虽然人工智能体自发侵权与第三方数据服务平台可能相隔万里，但毕竟这种自主行为取决于决策层做出的决策，由第三方数据平台对人工智能体自发侵权造成的损害后果承担管理人责任不失公平。

（三）免责事由的适用

《民法典》第1245条规定，动物致害责任的免责事由为“被侵权人故意或重大过失”。该事由在人工智能的语境下同样适用，即人工智能自主行为与受害人的损害之间不存在因果关系，损害完全是由受害人自己的行为故意所致的，构成免责事由。例如，受害人明知人工智能产品在正常工作而施加干扰，人工智能产品基于自我保护所做出的排除妨害行为即是正当的。另外，《民法典》第1250条规定：“因第三人的过错致使动物造成他人损害的，被侵权人可以向动物饲养人或者管理人请求赔偿，也可以向第三人请求赔偿。动物饲养人或者管理人赔偿后，有权向第三人追偿。”在人工智能自主运行情况下，常见的第三人介入就是黑客入侵。在黑客控制人工智能系统造成受害人损害后，由于对黑客的侦查时间跨度较长，受害人可以先请求所有人、管理人和第三方数据服务平台承担连带责任，以保证自己即时得到救济。

六　结语

人工智能体作为当下最前沿的科技极具复杂性，使得其研发、生产和部署具有较大不确定性风险，对其认识无法依赖简单的本质化方法。应当明确的是，为保持法律的稳定性，在现有民法制度通过解释可以解决当前人工智能技术所带来的法律问题时，就不必改变民法的基本理论另寻新的解决办法。当前人工智能体可以通过具有深度学习能力的显性智慧独立自主地完成单一领域的特定工作，既不同于工具，也不具有自我意识。在否认人工智能体主体地位的结论下，人工智能体自发侵权应承担危险责任。在特殊侵权行为中类推适用动物致害责任最具优势，完满地处理了深度学习能力与自主行为能力对传统侵权法带来的解释困境。第三方数据服务平台在人工智能体运作过程中获有巨大利益，由其承担管理人责任具有正当性。法律具有保守性、滞后性的特点，这就决定了法律人在面对一个新兴技术时，不要迫不及待地去热情拥抱，而需谨慎探究现象背后的科学技术原理，这样或许更能体现科研精神。当前，人工智能技术方兴未艾，未来这项科技对法制带来的挑战还将继续，唯有理性的思考和冷静的判断方能在新一轮的科技变革中行稳致远。

On the Liability of Spontaneous Infringement of Artificial Intelligence from the Perspective of Liability for Damage Caused by Animals

Yang Hedi

Abstract: Spontaneous infringement of artificial intelligence refers to the infringement made by artificial intelligence independently based on built-in algorithm and corresponding data after excluding the intervention of "human". Artificial intelligence has the ability of deep learning and autonomous behavior, which has shaped the characteristics of inexorability and unpredictability, and created difficulties in explaining existing rules. It is the premise of regulating the autonomous infringement of artificial intelligence that we conclude object status of artificial intelligence by clarifying the technical operation principle of artificial intelligence in the current development stage, and its own danger is the objective attributable fact of the spontaneous infringement of artificial intelligence. At the current development stage of artificial intelligence, it is most legitimate to apply liability for damage caused by animals to solve the spontaneous infringement of artificial intelligence. The third-party data service platform is the data provider and the operator of the decision-making level, which has the management obligation for artificial intelligence, and shares the responsibility with the owner and manager after the spontaneous infringement of artificial intelligence.

Key words: Artificial Intelligence; Object of Right; Attributable Fact; Liability for Damage Caused By Animals

《数字法治评论》约稿函

一　刊物简介和约稿

《数字法治评论》是由上海政法学院主办、由中国社会科学出版社出版的学术性集刊，每年出版 2 卷。本刊由上海政法学院郑少华教授担任主编，康敬奎编审任执行主编。

本刊依托上海政法学院人工智能法学院，追踪数字法治理论前沿，回应数字法治实践中面临的问题，倡导规范严谨的学术研究，致力于推动数字法治理论创新。鉴于此，《数字法治评论》刊文选题聚焦在数字治理、数据法治、人工智能法治、网络法治、个人信息保护法、网络与信息安全、数字金融、数字贸易、智慧司法等数字法治领域。

《数字法治评论》栏目设置包括主题研讨、案例评析、研究综述、研究报告、译文等。欢迎海内外专家、学者就上述主题领域进行投稿。

二　来稿要求

（1）来稿文章内容需符合数字经济发展、数字社会治理总体精神和方向，紧扣“数字法治研究”主题，以问题为导向，探索国际性、基础性、前沿性的重大理论和实践问题，欢迎实证分析、比较分析、大数据分析的研究成果。

（2）投稿文章应当是未公开发表的原创论文，字数 1.2 万—3 万。来稿请注明单位、职称（职务）、研究方向、联系电话、电子邮箱、邮寄地址等信息。

（3）投稿文章的注释基本规范请参见《数字法治评论》注释规范。未尽的规范要求，参见《法学引注手册》（北京大学出版社 2020 年版）。

上海政法学院期待在学术界同仁的支持下，能够将本刊发展成为具有鲜明数字法学特色的学术集刊。

E-mail：szfzpl@ 163. com

电　话：021-39227620

联系人：汤仙月

《上海政法学院学报》编辑部

2021 年 11 月 23 日

《数字法治评论》注释规范

本刊注释一律采用当页脚注形式，当页连续注码样式为：①②③等，另起页重新编号。

一、中文注释著述格式例示

例 1：个人专著格式

张文显：《二十世纪西方法哲学思潮研究》，法律出版社 1996 年版，第 134—135 页。

例 2：多位作者（三人及以上）专著格式

丁志节等：《中国视角的国际金融》，中国法制出版社 1999 年版，第 205 页。

例 3：主编作品格式

慕亚平主编：《WTO 中的"一国四席"》，法律出版社 2004 年版，第 160 页。

例 4：中文译著格式

［德］京特·雅克布斯：《法哲学前思》，冯军译，法律出版社 2001 年版，第 15—16 页。

例 5：中国香港、澳门、台湾著作格式

王泽鉴：《人格权法》，台北：三民书局 2012 年版，第 15 页。

例 6：间接引用文献格式

参见韩龙《离岸金融的法律问题研究》，法律出版社 2001 年版，第 11 页。

例 7：转引文献格式

雷万来：《论司法官与司法官弹劾制度》，转引自高其才、肖建国、胡玉鸿《司法公正观念源流》，人民法院出版社 2003 年版，第 342—343 页。

例 8：多卷册文献格式

《马克思恩格斯全集》（第 1 卷），人民出版社 1965 年版，第 25 页。

例9：期刊文献格式

赵晓丽、李春杰：《中国电力产业的规制及其法律问题》，《法学杂志》2002年第2期。

例10：文集文献格式

尹田：《法国合同责任的理论与实践》，载梁慧星主编《民商法论丛》（第3卷），法律出版社1999年版，第151—152页。

例11：报纸文献格式

庚向荣：《说理是司法裁判文书的生命》，《法制日报》2013年2月19日第7版。

例12：学位论文格式

陈默：《抗战时期国军的战区——集团军体系研究》，博士学位论文，北京大学，2012年。

例13：网络文献格式

苏力：《中国现代化进程中的法制问题》，北大法律信息网文献库：http：//chinalawinfo. com/fzdt/xwnr. asp？id=11223.，2020年1月5日访问。

例14：文章系研究课题项目

本文系2015年度司法部国家法治与法学理论研究项目“刑法解释的边界研究与实证分析”的阶段性成果，项目编号：15SFB5013。

二、外文文献注释格式尊重各该语种引用格式

例15：英文著作格式

A. Jayier Trevino，*The Sociology of Law*：*Classical and Contemporary Perspectives*，New York：St. Martin's Press，1990，pp. 6-7.

例16：英文期刊论文格式

Douglas D. Heckathorn，“Collective Sanctions and Compliance Norms：A Formal Theory of Group Mediate Social Control”，*American Sociological Review*，Vol. 55，1990，p. 370.

例17：英国案例格式：原被告名（斜体）编号，判例汇编编号

Corr v *IBC Vehicles Ltd.* ［2008］UKHL 13，［2008］1 AC 884

例18：美国案例格式：原被告，案号

McBurney v. Young，133 S. Ct. 1709（2013）.

例19：德文著作格式

Moritz Wellspacher，Das Vertranuen auf äußere Tatbestände imbürgerlichen Recht，1906，S. 22 ff.

例20：德文期刊论文格式

Joachim Hruschka，Vorpositives Recht als Gegenstand und Aufgabe der Rechtswissenschaft，in：JZ 1992，S. 429.

例21：日文专著著录格式

喜多了祐：『外観優越の法理』、千倉書房、1997、頁215。

例22：日文期刊论文格式

大塚龍児：「商法四三條における使用人の代理権」、『商事法務』1215号。

例23：英文网站论文格式

International Court of Justice Reports of Judgments，“North Sea Continental Shelf（Federal Republic of Germany/Netherlands）”，Judgment of 20 February 1969，http：//www. icj－cij. org/docket/files/52/5561. pdf，accessed December 29，2014.